Eli Rodrigues

21 ERROS CLÁSSICOS DA GESTÃO DE PROJETOS

Copyright© 2014 por Brasport Livros e Multimídia Ltda.

Todos os direitos reservados. Nenhuma parte deste livro poderá ser reproduzida, sob qualquer meio, especialmente em fotocópia (xerox), sem a permissão, por escrito, da Editora.

Editor: Sergio Martins de Oliveira
Diretora: Rosa Maria Oliveira de Queiroz
Gerente de Produção Editorial: Marina dos Anjos Martins de Oliveira
Revisão: Mell Siciliano
Editoração Eletrônica: SBNigri Artes e Textos Ltda.
Capa: Beto Campos
Arte final: Use Design
Ilustrações: Alexandre Sou

Técnica e muita atenção foram empregadas na produção deste livro. Porém, erros de digitação e/ou impressão podem ocorrer. Qualquer dúvida, inclusive de conceito, solicitamos enviar mensagem para **editorial@brasport.com.br**, para que nossa equipe, juntamente com o autor, possa esclarecer. A Brasport e o(s) autor(es) não assumem qualquer responsabilidade por eventuais danos ou perdas a pessoas ou bens, originados do uso deste livro.

R696o

Rodrigues, Eli

Os 21 erros clássicos da gestão de projetos: descubra o que NÃO fazer, de uma forma prática e bem-humorada / Eli Rodrigues - Rio de Janeiro: Brasport, 2014.

ISBN: 978-85-7452-678-2

1. Gerenciamento de projetos I. Título

CDD: 658.404

Ficha catalográfica elaborada por bibliotecário – CRB7 6355

BRASPORT Livros e Multimídia Ltda.
Rua Pardal Mallet, 23 – Tijuca
20270-280 Rio de Janeiro-RJ
Tels. Fax: (21) 2568.1415/2568.1507
e-mails: marketing@brasport.com.br
          vendas@brasport.com.br
          editorial@brasport.com.br
          www.brasport.com.br
Filial SP
Av. Paulista, 807 – conj. 915
01311-100 São Paulo-SP
Tel. Fax (11): 3287.1752
e-mail:filialsp@brasport.com.br

Dedicatória

Dedico esta obra a meu pai, Eli Jacques Rodrigues, que me ensinou muito sobre as lições aprendidas dos projetos de informatização de que participou ao longo de três décadas de trabalho.

Agradecimentos

Às centenas de alunos do Curso Preparatório para o PMP, que, ao longo de três anos, me muniram com as preciosas lições aprendidas de seus projetos, possibilitando assim a construção desta obra.

Aos leitores do meu blog, que têm me mantido constantemente alerta às novas técnicas e ferramentas de gestão.

Aos meus grandes incentivadores, André Tapajós, Giovani Faria e Solange Aguilera, que mesmo nos momentos mais difíceis acreditaram em mim.

E minha especial gratidão à Lyzandra Queiroz, minha maior crítica e apoiadora, melhor amiga e mulher da minha vida.

Sobre o Autor

Eli Rodrigues é gerente de projetos há dez anos, atuando essencialmente em projetos de Tecnologia da Informação, mas também em projetos de consultoria organizacional. Trabalhou em projetos com empresas como Siemens, IBM, Samsung, Positivo, Sony, Atos etc. Possui mais de cem projetos entregues, atuou em cenários globais, fábricas de software e desenvolvimento organizacional.

Tem formação em Análise de Sistemas pelo Instituto de Ensino Superior Fucapi (Manaus-AM) e pós-graduações em Tecnologia Web pela Universidade Federal do Amazonas, em Sistemas Móveis e Convergentes em Telefonia Celular pela Universidade Estadual do Amazonas e MBA em Gestão de Marketing pela Fundação Getúlio Vargas (Campinas-SP).

Ministra treinamentos de Gestão de Projetos em instituições certificadas pelo PMI (*Project Management Institute*) nas regiões metropolitanas de São Paulo e Campinas e treinou mais de mil pessoas de diversas empresas. É membro ativo do capítulo São Paulo, produzindo textos, participando de eventos e oferecendo contribuições significativas à área.

Atualmente ocupa o cargo de Diretor de Negócios da TAP4, uma *startup* na área de aplicativos e jogos, realizando a gestão de negócios, contratos e aquisições.

Apresentação

Desde o início da minha carreira, trabalho com projetos de Tecnologia da Informação, sobretudo com projetos de software. Foram mais de cem projetos entregues e cada um deles tem uma história diferente para contar. Em minhas andanças por cerca de cinquenta empresas ao longo desses trabalhos, notei que existiam padrões de comportamento que levavam os projetos ao fracasso.

Esses padrões foram validados ao longo de dezenas de treinamentos de Gestão de Projetos, sobretudo no Curso Preparatório para a certificação PMP (*Project Management Professional*) que tive a oportunidade de ministrar em parceria com REPs (*Registered Education Providers*) do PMI (*Project Management Institute*) entre 2010 e 2013. Também tive a oportunidade de revalidá-los através do trabalho de disseminação de conhecimento que tenho realizado nos últimos cinco anos através do meu blog, com milhares de visitantes de diversas cidades e países.

O livro é composto por 21 capítulos baseados em frases do cotidiano dos projetos, que remetem aos comportamentos nocivos e às falácias lógicas dos gerentes de projetos, das equipes e das organizações.

Cada capítulo é estruturado segundo o Princípio da Pirâmide [18], da Bárbara Minto, que contém: **situação**, **complicação**, **pergunta** e **resposta**. Em outras palavras, esses itens abordam o problema, suas causas e sugerem soluções, apresentando exemplos de casos de projetos reais, que encerram as teses.

Nos primeiros oito capítulos são abordados os erros do gerente de projetos relacionados a sua postura e seus valores. Nos quatro capítulos seguintes são abordados erros das equipes de projeto que influenciam diretamente os resultados. Nos nove últimos capítulos são abordados os erros organizacionais que invalidam os esforços de gerenciamento de projetos.

Espero sinceramente que este livro seja útil a estudantes da área e que seja instrumento de identificação e reflexão aos gerentes de projetos mais experientes.

Sumário

Capítulo 1 – Estou 'tocando' o projeto 1

    Situação 2

    Complicação..2

    Como mitigar esse problema? 3

    Exemplo 4

Capítulo 2 – Não tenho tempo para planejar! 7

    Situação 8

    Complicação..8

    O que fazer para ter tempo para planejar?..9

    Exemplo 11

Capítulo 3 – Como está indo o projeto? Legal! 13

    Situação 14

    Complicação..14

    Como medir o que não foi planejado? 15

    Exemplo 18

Capítulo 4 – Isso vai ficar para uma segunda fase! 21

    Situação 22

    Complicação..22

    Como evitar projetos "eternos"? 23

    Exemplo 24

Capítulo 5 – Preciso disso até sexta...27

    Situação 28

    Complicação..28

    Como manter os prazos alinhados e as equipes motivadas?...............29

    Exemplo 30

Capítulo 6 – Precisamos melhorar nossa produtividade! 31
Situação 32
Complicação..32
Como medir a produtividade? 33
Exemplo 35

Capítulo 7 – É culpa da chuva...37
Situação 38
Complicação..38
Como evitar incorrer em erros previsíveis? 39
Exemplo 42

Capítulo 8 – Auditoria? Preciso atualizar a documentação! 43
Situação 44
Complicação..44
Cumprir o prazo ou seguir o processo? 45
Exemplo 46

Capítulo 9 – Ninguém me falou nada sobre isso.....................................49
Situação 50
Complicação..51
Como melhorar a comunicação nos projetos? 51
Exemplo 53

Capítulo 10 – Não era bem isso que eu queria 55
Situação 56
Complicação..57
Como garantir que o cliente receba o que esperava?..............57
Exemplo 59

Capítulo 11 – Vamos precisar refazer tudo!..61
Situação 62
Complicação..63
Como interromper esse ciclo vicioso? 64
Exemplo 66

Capítulo 12 – Terminei, mas ainda falta pôr em produção!..........67

Situação 68

Complicação 68

Como resolver esse impasse? 69

Exemplo 71

Capítulo 13 – Temos que "encantar" o cliente! 73

Situação 74

Complicação...74

Como encantar o cliente sem incorrer em demandas não remuneradas?..........75

Exemplo 77

Capítulo 14 – O comercial vende até a mãe! 79

Situação 80

Complicação 80

Como evitar que o comercial venda nossa paz?.......................81

Exemplo 82

Capítulo 15 – Santo de casa não faz milagre............................85

Situação 86

Complicação...86

Como permitir ao santo de casa fazer milagres? 88

Exemplo 88

Capítulo 16 – Na hora H, os recursos não estão disponíveis! 91

Situação 92

Complicação...92

O que fazer para evitar que isso ocorra, considerando que os recursos sempre serão limitados em qualquer organização? 93

Exemplo 95

Capítulo 17 – Desculpe, mas não tenho tempo para falar com você. Aliás, quem é você?..97

Situação 98

Complicação...98

Como instruir adequadamente um gerente de projetos? 99

Exemplo 100

Capítulo 18 – Isso já foi tentado aqui... 103

Situação 104

Complicação...104

Como reduzir a resistência a novas ideias? 105

Exemplo 105

Capítulo 19 – Vamos fazer na Índia, que é mais barato 107

Situação 108

Complicação...108

Como terceirizar com segurança?...109

Exemplo 110

Capítulo 20 – Fala com o Fulano que ele tem as lições aprendidas 111

Situação 112

Complicação...112

Como compartilhar lições aprendidas? 113

Exemplo 113

Capítulo 21 – Vamos assumir o prejuízo e entregar o projeto!....................115

Situação 116

Complicação...116

Como evitar tantos prejuízos? 117

Considerações finais 118

Bibliografia 119

Anexo I – *Workshop* comportamental: o *workshop* de erros em projetos...123

Anexo II – Fórmulas do valor agregado 125

Capítulo 1
Estou 'tocando' o projeto

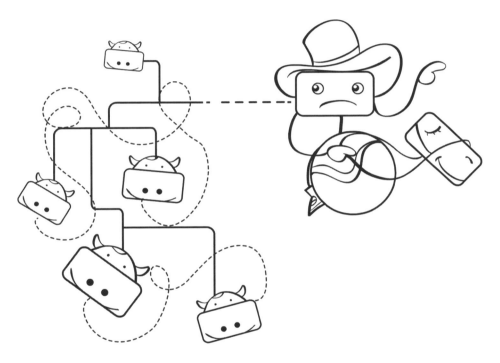

Sou muito esperto! Estou tocando os projetos e nem precisei planejar!

Situação

A expressão "tocar projeto" sempre me lembrou de um boiadeiro no final da tarde, recolhendo a boiada. A manada segue o berrante, orientada pelo cavalo ou por um cachorro. A boiada simplesmente vai indo, seja para onde for.

"Projeto é um empreendimento temporário que gera um produto, serviço ou resultado único" [23].

Projetos não têm similaridades com os bois de uma boiada, cada projeto é único, com características completamente diferentes uns dos outros e não podem ser gerenciados como o boiadeiro faz, em lote. Projetos poderiam ser comparados ao trabalho de um artesão fazendo peças, cada uma de um pedaço de madeira diferente, nunca iguais, por mais que sejam parecidas.

Além do mais, a boiada obedece a comandos simples; a equipe, os fornecedores e as demais partes interessadas não. Ao contrário, requerem gerenciamento de expectativas e estratégias de engajamento personalizadas. Os projetos também requerem planejamentos, monitoramentos e controles únicos. O termo "tocar" dá então uma sensação de que os projetos não estão sendo gerenciados.

Complicação

A situação se complica quando um gerente de projetos está envolvido em mais de um projeto e os gerencia na base do "tocar". Se um projeto já é suficientemente difícil de gerenciar, imagine vários! E se não houver documentação, linhas de base ou rotinas de monitoramento em nenhum deles?

A triste realidade de muitos de nós é o gerenciamento de projetos baseado no Excel, com atividades da semana apenas, com quase nenhuma visibilidade de orçamentos, sem padrões de qualidade definidos ou sequer um plano de comunicação aprovado. A parte mais importante, que é a identificação das partes interessadas, frequentemente é negligenciada, e com isso os riscos, que nem chegaram a ser levantados, vão ocorrendo em escala, tal qual uma boiada que segue atravessando o rio.

Esses sintomas só são percebidos quando a empresa começa a acumular prejuízos. Vendo sua lucratividade acabar, percebem que há algo errado. Entendem erradamente que as metodologias de gerenciamento de projetos não servem para nada. E o que fazem?

Como mitigar esse problema?

Todo gerenciamento de projetos se baseia em três conceitos: estabelecer linhas de base (*baselines*), monitorar seu atingimento e controlar o projeto através de ações preventivas e corretivas.

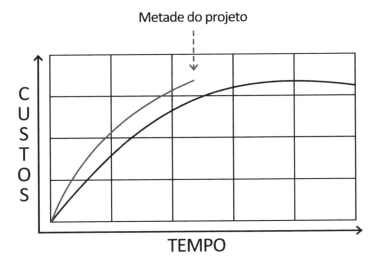

Considere o exemplo anterior: a linha de baixo representa a linha de base e a linha de cima, a de execução. Na metade do projeto, o gerente de projetos percebe que está gastando mais do que o planejado e deverá tomar uma ação corretiva para reverter a situação e colocar o projeto de volta em curso.

O mesmo conceito pode ser aplicado a todas as áreas de conhecimento [19]. Por exemplo:

- **Escopo** – Quantidade de entregas finalizadas e aceitas pelo cliente.
- **Tempo** – Desvios no prazo de entrega das atividades.

- **Qualidade** – Quantidade de defeitos encontrados por entrega.

- **Recursos Humanos** – Competências necessárias x competências atuais.

- **Riscos** – Quantidade de riscos mitigados x quantidade de riscos ocorridos.

- **Aquisições** – Quantidade de entregas no prazo x quantidade de entregas fora do prazo.

- **Comunicação** – Quantidade de relatórios a enviar x quantidade de relatórios enviados.

- **Partes interessadas** – Quantidade de incidentes esperados com *stakeholders* x quantidade de incidentes ocorridos.

Cada projeto deverá estabelecer sua linha de base conforme o cenário, a necessidade e suas características. O importante é que haja um meio para mensurar o andamento do projeto e para saber quando tomar ações corretivas.

Não basta "tocar" os projetos sem planejamento, métricas ou ações corretivas. Quando se contrata um gerente de projetos, espera-se que ele seja responsável pela **integração** de todas essas áreas de conhecimento e que faça cumprir seus objetivos iniciais, gerenciando todos os aspectos e reportando periodicamente.

Exemplo

Pedro era "tocador de projetos", atendia a qualquer tipo de demanda na área de engenharia civil. Construía obras sempre com atrasos, mas resolvia o problema a qualquer custo! Certa vez, Pedro foi promovido e passou a coordenar a área de projetos – não mais um projeto apenas, agora ele precisava coordenar quinze obras simultaneamente. Pedro levou a mesma forma de trabalho a qual estava acostumado para sua equipe e começou a "tocar" todos esses projetos. Na fase de planejamento ele não teve problema, terminou em tempo recorde o documento de projeto, onde descreveu os objetivos de cada um deles, seus orçamentos e prazos. Tudo parecia dentro da normalidade. Ao longo da execução das obras, Pedro percebeu que não conseguia visitar todas diariamente, então direcionou três assistentes, um para cada obra, e lhes passou a planta baixa e os documentos de projeto. Os assistentes foram orientados a fazer a gestão "ágil" (vulgo "tocar"). Durante o acompanhamento, vários problemas aconteceram: fornecedores atrasaram os materiais, absenteísmo nas equipes e custos não previstos. Como não havia planos de contingência definidos, Pedro trabalhou dia e noite junto às equipes para sanar os problemas. As obras foram concluídas com uma média de um ano de atraso e os custos foram cerca de 35% mais altos que o previsto no "documento de projeto". Pedro não conseguiu até hoje perceber o que fez de errado, pois considera esses atrasos uma coisa normal.

Capítulo 2
Não tenho tempo para planejar!

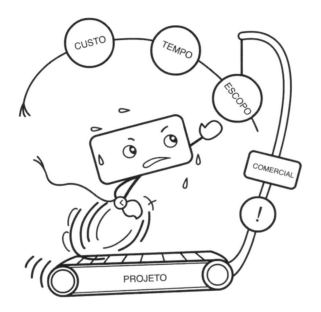

*Eu não planejo, eu realizo!
Meus resultados falam por mim...*

Situação

É um paradoxo muito comum: as pessoas muitas vezes não conseguem resistir à vontade de sair fazendo as coisas sem coordenação. É o que chamamos de IVONSAF, a Irresistível Vontade de Sair Fazendo.

Sempre que um grupo de pessoas começa a trabalhar em um projeto, deve ter em mente O QUE será feito, ou seja, o escopo do projeto. A partir disso, montam-se as estimativas de tempo e custo e são avaliados quais indicadores de qualidade serão medidos. Somente com essa tríade definida, também conhecida como **Tríplice Restrição** [23], é possível estimar a quantidade de pessoas para fazer o trabalho.

Sem saber detalhadamente O QUE e COMO será realizado, é impossível traçar uma linha de execução – e, mais ainda, é impossível acompanhar o progresso do projeto, pois somente se gerencia o que se pode medir. No dia a dia estamos acostumados a ser taxados em contas que não controlamos, como: água, luz, telefone e aluguel. O que não costumamos observar é que nossos hábitos de consumo são repetitivos e que é por isso que as variações nos parecem irrelevantes.

Já quando se trata de uma viagem não planejada, a falta de informações prévias geralmente nos faz gastar mais. Tomamos cafés caríssimos nos aeroportos e às vezes precisamos pagar hotéis e comprar roupas de emergência que não estavam previstas, e isso custa caro! Após uma viagem dessas, feita às pressas, costuma-se perceber uma variação razoável, dependendo dos seus rendimentos, no orçamento familiar.

Os projetos são como as viagens, pois são únicos, temporais e fogem à rotina; por isso precisam ser planejados, para que sejam devidamente acompanhados.

Complicação

A falta de planejamento é um efeito colateral daqueles que "tocam" projetos, mas também é motivada pela falta de tempo, proveniente de projetos vendidos com prazos predeterminados. É urgência em cima de urgência e nada é feito de forma organizada.

A complicação se dá quando percebemos que há coisas que foram esquecidas, riscos que não foram levantados e problemas que poderiam ter sido evitados, se soubéssemos o que estávamos fazendo.

Quem não planeja não tem ideia da possibilidade de atingimento da meta estabelecida, corre atrás do rabo como um cachorro com tique nervoso. Não são raras as organizações que se prestam a esse papel. O mundo está cada vez mais concorrido e, se antigamente competíamos com os vizinhos, agora competimos com o mundo inteiro. Uma pessoa na China ou na Índia pode prestar serviços para empresas brasileiras com a mesma qualidade (e às vezes até maior!) das empresas locais.

Não ter tempo para planejar significa permitir que o fracasso iminente rodeie o projeto por todos os aspectos, sem represar demandas, sem avaliar impactos e sem ter medidas preventivas, apenas correções. Isso gera projetos que atrasam mais de 100% de seus prazos originais e geram prejuízos incalculáveis à imagem do negócio e à reputação do profissional de gerenciamento de projetos.

O que fazer para ter tempo para planejar?

Não é difícil! Planejar um projeto é como aplicar a técnica dos 5W2H em mais ou menos detalhes, conforme a complexidade [29].

- *What* – Define os requisitos do cliente, ou seja, quais são suas necessidades e O QUE será feito para atendê-las.

- *When* – Organiza uma **linha do tempo** para o trabalho, ou seja, QUANDO cada atividade será realizada.

- *Who* – Distribui as atividades entre as pessoas; QUEM irá fazer o que.

- *Where* – Define ONDE as atividades serão realizadas, se isso for relevante. Assim se tem uma visão de espaço, caso o projeto seja, por exemplo, de uma construção.

- *Why* – Conecta as necessidades do cliente com O QUE vai ser feito. POR QUE estamos fazendo essas atividades?

- *How* – Define COMO o projeto será realizado; são as atividades do projeto que realizam o item O QUÊ.

- *How much* – QUANTO irá custar fazer o projeto? Algumas partes poderão precisar ser adquiridas de fornecedores enquanto outras serão realizadas com recursos próprios.

Desse modo, planejar um projeto se torna simples e pode ser feito, dependendo de sua complexidade, através de um **plano de ação**. Para projetos de maior complexidade e com grande dependência temporal das atividades é aconselhável que se faça um cronograma.

Um plano de ação simples tem no mínimo os seguintes campos [24]:

Atividade	Responsável	Data	Status
(O que)	(Quem)	(Quando)	(Qualidade)

Observe que este plano simplificado não mostra o sequenciamento das atividades, nem quanto irá custar o projeto. Logo, se você precisa dessas informações, será melhor usar um plano mais completo. Uma poderosa ferramenta para planejamento é a EAP (Estrutura Analítica do Projeto), que mostra a representação hierárquica das entregas do projeto e, com isso, consegue representar de forma clara e simplificada O QUE será realizado.

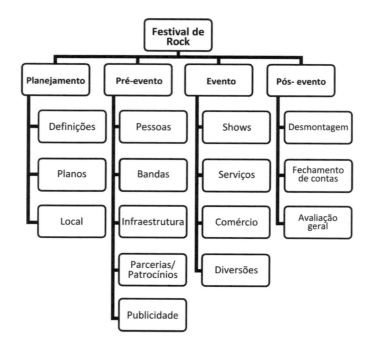

Na EAP anterior, do *case* "Rock in Sumaré" [25], o projeto é organizado por **fases** e **entregas** (leia mais no Capítulo 3). Com a EAP é possível ter uma visão completa do trabalho a ser realizado. Embora necessite de maior detalhamento, ela costuma ser apoiada por um dicionário, que explica cada nó (caixa) e permite que o trabalho seja distribuído entre os membros da equipe.

Os primeiros níveis da EAP podem ser construídos por fases, entregas ou equipes, de acordo com a necessidade de cada projeto.

Não se esqueça que planejar um projeto não se trata apenas de seguir um roteiro, mas de definir que roteiro seguir. Em outras palavras, planeje apenas o que for interessante para o seu contexto.

Exemplo

A empresa "Fazemos Qualquer Negócio" fechou uma grande conta e precisava entregar uma linha de produção de celulares funcional. O desafio era grande e para ganhar a conta foi preciso ceder bastante nos prazos. O que seria feito em dez meses foi negociado pela área de vendas para entregar em apenas seis meses.

O gerente de projetos, Sr. João, percebeu que não daria tempo para fazer as coisas direito e conversou com seu diretor, informando-lhe que precisaria de cerca de dois meses para planejar. O diretor foi taxativo: se planejassem não entregariam o projeto. O Sr. João insistiu, mas ouviu a clássica frase: "se você não dá conta, posso encontrar quem consiga". Com o ego ferido e com vontade de mostrar que era capaz, Sr. João assumiu o trabalho e se esforçou bastante para fazer um planejamento básico.

O diretor, no entanto, disparou as ordens de compra dos equipamentos e materiais e eles começaram a chegar já no início do segundo mês. Se não fosse feito dessa forma, o projeto seria inviabilizado. O Sr. João se assustou quando viu os materiais, pois não havia sequer sido informado. Então tomou uma decisão: começou o trabalho e deixou a "burocracia" de planejamento para depois.

Já sabemos as consequências: muitos dos materiais comprados eram incompatíveis, e, como foram importados da China, houve grande dispêndio de recursos e tempo para trocá-los, a mão de obra contratada não estava qualificada naquela tecnologia e todos os manuais vieram em mandarim. O Sr. João fez bastante esforço para terminar o projeto mesmo assim, mas, dados os prejuízos e atrasos, acabou sendo demitido.

Capítulo 3
Como está indo o projeto? Legal!

- Opa! Tudo bem? o projeto está indo bem, não precisa se preocupar com nada!

Situação

Seria cômico se não fosse trágico: são muitas as empresas sem visão do andamento de seus projetos. Muitas incorrem no famoso erro dos 90%, que se trata de "achar" que uma atividade está sendo finalizada, mas na verdade ainda falta aplicar muito mais do que 10% do esforço para concluir. No dia a dia costumamos dizer que os 10% finais são os mais difíceis e levam 90% do esforço, mas na verdade o que faltou foi dividir igualitariamente os percentuais.

Já vi muitos e muitos casos de projetos que fracassam em prazo (quando) e custo (quanto) porque o gerente de projetos espera que a equipe tenha a visão percentual das coisas. Ora, o gerente de projetos tem um papel integrador e é ele que deve saber os percentuais de trabalho da equipe.

Um projeto pode ser "legal", "bacana" ou "divertido", mas isso não determina quanto falta para concluí-lo. Se um técnico lhe informa um percentual de progresso, é bom que se tenha visão real das entregas, do que foi realmente concluído, numa granularidade firme e, se possível, binária (0% ou 100%) [19].

Complicação

Observe o fato, comentado no Capítulo 1, de que cada projeto tem características distintas. Por causa disso, não se consegue determinar facilmente uma unidade, como: m^2, m^3, km. Cada quilômetro de uma estrada possui dificuldades específicas; parte é numa planície, parte atravessa um túnel, parte requer uma ponte sobre um rio. Medir apenas pela unidade escolhida não dará a real visão de progresso, pois se nos últimos dez quilômetros for preciso desapropriar casas e obter a aprovação do Ibama para construir, o esforço será significativamente maior.

Se essa fosse a realidade da maioria dos projetos, já não seria tão ruim. A realidade é que, em projetos de Tecnologia da Informação, por exemplo, não se consegue sequer determinar uma unidade. Trabalham-se valores por complexidades, como pontos por casos de uso, que nunca refletem os esforços necessários para implementar o produto.

Como medir o que não foi planejado?

Para minimizar este erro clássico, já há muitos anos o Guia PMBOK® determinou os conceitos de entrega, pacote de trabalho e atividade.

- **Entrega** – É um conjunto de pacotes de trabalho que juntos formam algo útil para o projeto. Por exemplo, a construção do primeiro andar do prédio pode ser uma entrega, mas para finalizá-la é preciso executar uma série de atividades, como fundações, instalações elétricas, hidráulicas etc.

- **Pacotes de trabalho** – É um conjunto de atividades. São criados para dar significado a um agrupamento de atividades que só terão sentido se forem finalizadas juntas.

- **Atividades** – São os "átomos" do projeto, representam a menor unidade de trabalho realizada por uma ou mais pessoas.

Entregas, pacotes de trabalho e atividades podem variar muito quanto a sua duração. Em um projeto de construção de uma plataforma de petróleo, por exemplo, não seria incomum encontrar atividades que levam dias. Ao passo que, em projetos de infraestrutura de Tecnologia da Informação, existem atividades que levam minutos e até frações de segundos.

Uma das formas de medir o progresso pode ser através da Estrutura Analítica do Projeto – EAP [22]. Por mostrar a totalidade das entregas de um projeto, a completude percentual de cada uma delas irá mostrar o seu **progresso** (*status*).

Pode-se ainda adicionar **pesos** à cada entrega, dando uma visão mais acurada do percentual de conclusão. Também é possível, embora não seja o padrão pregado pelo PMI, adicionar nomes de pessoas e datas de conclusão às EAPs.

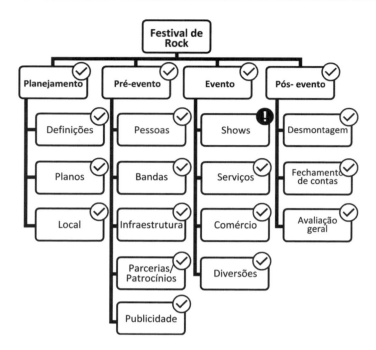

Ok! Chegamos a uma visão do percentual de completude de um projeto, mas como saber se o percentual é compatível com a expectativa?

Nesse caso é necessário definir **marcos**, que são momentos significativos do projeto. Esses momentos devem ser especificados tanto pela lógica do negócio (e.g.: término do primeiro andar, contratação das bandas de rock, efetuação dos testes do produto) quanto pelo tempo, através de datas.

Se compararmos quantas entregas (percentual) deveriam estar concluídas até o marco X, teremos dados suficientes para analisar **tendências**. Além, é claro, de medir a produtividade da equipe.

As **tendências** são, na verdade, um cálculo que considera quanto deveria ter sido concluído até o momento (Valor Presente) e quanto foi concluído de fato (Valor Agregado).

Tomemos como exemplo a EAP do *case* didático "Rock in Sumaré" [25]. Considere que todas as entregas da fase de planejamento são sequenciais e que seus pesos, em dias, seguem esta distribuição:

Capítulo 3 – Como está indo o projeto? Legal!

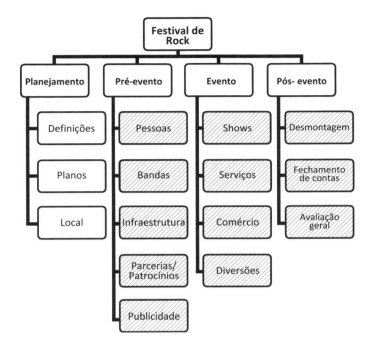

Se o projeto estiver no dia 6 e as definições estiverem a 50%, quanto o projeto estará atrasado?

Duração total = 25 dias

Valor Planejado (VP) para o dia 6 = 6

Valor Agregado (VA) para NO dia 6 = 2,5

Índice de Desempenho de Prazo = VA / VP => 2,5/6 = 0,41

Com isso, pode-se concluir que estamos a 41% da velocidade esperada. Se o projeto tem 25 dias planejados, qual será a duração total considerando esta velocidade (Estimativa No Término)?

ENT = 25 dias * 1,41 (41% a mais de duração) = 35,25 dias.

A vantagem de calcular as tendências ao longo do projeto, ou seja, durante os marcos, é poder tomar ações corretivas. Neste exemplo, seria preciso acelerar o trabalho para recuperar o atraso.

Usando a ferramenta de **Gerenciamento do Valor Agregado** [33], que define os parâmetros utilizados neste cálculo, pode-se ainda calcular o custo ao final do projeto, as variações e as tendências (veja a tabela com as fórmulas no Anexo II, ao final do livro).

Desse modo, observe que, embora seja uma prática recorrente no mercado, responder "legal" ao progresso de um projeto é uma forma amadora de gerenciar. Da mesma forma que não é acurado responder apenas o percentual de conclusão, pois não dá a visão de **tendência**. A melhor forma de responder essa pergunta, na perspectiva de datas, seria o Índice de Desempenho de Prazo (IDC).

Exemplo

Antônio foi promovido e estava muito feliz por isso. Depois de anos trabalhando como analista de sistemas, seu trabalho fora finalmente reconhecido. Seu primeiro projeto era a implementação de um Sistema de Gestão de Produção para uma indústria de pré-formas (espécie de tubos de ensaio que, ao serem soprados, se transformam em garrafas pet). Antônio fez um planejamento detalhado, pois já havia feito um curso de gestão de projetos e não queria perder aquela oportunidade. Fez um Termo de Abertura do Projeto, identificou as partes interessadas, montou a declaração de escopo, a EAP, o cronograma, o orçamento e todos os demais documentos necessários. Estava orgulhoso de si mesmo! Não havia como absolutamente nada ser esquecido e nenhum risco ocorreria sem que ele soubesse – ele realmente seguiu a cartilha.

Antônio apresentava semanalmente os relatórios de *status*, mas seu diretor nunca olhava; por ser um líder carismático preferia perguntar ao Antônio como estava o projeto:

— Antônio, como está o projeto?

— Legal! Está tudo nos trilhos – respondia Antônio.

Semana após semana se procedeu dessa forma. O diretor estava confiante que o projeto finalizaria conforme o planejamento. Ao longo da execução, no entanto, Antônio percebeu que a divisão que fizera para as entregas não estava condizente com o esforço. O projeto tinha dez entregas e um total estimado de mil horas de trabalho. Ele tinha certeza que, na média, cada entrega levaria cem horas – nada poderia ser mais óbvio.

Ocorre que várias delas começaram a atrasar: dois programadores saíram da empresa e o cliente começou a adicionar várias mudanças. Antônio continuou reportando os percentuais com base na média de horas, e no último mês de trabalho havia finalizado nove das dez entregas. Tudo estava perfeito! Ele certamente manteria sua posição como gerente de projetos. Na última entrega seria feita a integração do sistema. Vários *bugs* foram reportados, o cliente havia feito mudanças, os novos executores não conseguiam entender o código feito por seus antecessores e Antônio continuava reportando 90% de conclusão, além, é claro, do seu mítico "legal".

A empresa cliente preparou uma reunião de inauguração baseada nos *status* passados por Antônio e, para sua surpresa, na data final do projeto não havia nada para ser inaugurado. Que situação!

Capítulo 4
Isso vai ficar para uma segunda fase!

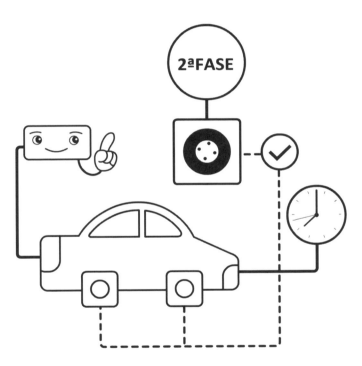

Humm...Já sei! Se não dá tempo, deixa para uma segunda fase...

Situação

Uma coisa é verdade absoluta: todo projeto sofre mudanças! Também se sabe que todo projeto tem prazo fixo [23]. Como lidar com o trabalho extra se o tempo permanece o mesmo?

Muitos gerentes de projeto optam pela solução mais fácil: deixar as mudanças para uma segunda fase. Não apenas isso, também costumam deixar para fases posteriores tudo que impacta no seu prazo de entrega. Parece uma solução genial, pois salva a reputação da empresa se for bem negociado, mas gera um problema ainda maior para o futuro da empresa.

Projetos que são prolongados se tornam "eternos" [26]. Quem nunca viu um projeto que não acaba nunca? Na percepção de todos é isso que acontece, ainda que sejam criadas fases 2, 3, 4 etc. O cliente permanece apegado psicologicamente ao prazo inicialmente dado e, ainda que entenda que houve mudanças, no fundo vai acabar se insatisfazendo pela demora.

Complicação

Considerando que toda empresa possua recursos limitados (humanos, materiais e financeiros) gera-se um complicador [15]. Como a área de vendas irá buscar novos clientes? Como novos projetos serão atendidos? Ou, ainda, se novos recursos forem contratados para atender a novos projetos, o que fazer com os recursos alocados nesse projeto "eterno"?

O termo "Projeto Eterno" surgiu de conversas informais com colegas de ofício e refere-se a projetos que se estendem demasiadamente além da linha de base inicial. Para ser considerado "eterno", o projeto não precisa necessariamente ter longo prazo (acima de doze meses), basta possuir um desvio da ordem de 100% de prazo.

Os "projetos eternos" apontam um alerta para problemas organizacionais. Podem ser problemas na concepção do projeto, um cliente que não conhece bem seu próprio processo, pode ter havido um mapeamento incompleto das dependências externas do projeto ou, simplesmente, os objetivos iniciais do projeto foram agressivos demais. Decidir postergar entregas de um projeto para uma segunda fase é uma solução paliativa que esconde as causas reais e, para evitar isso, é preciso, a cada situação, realizar uma análise causal.

Em resumo, a empresa sofre ao alocar seus recursos de forma desordenada, isso impede seu crescimento e o atendimento de novos projetos. Já vi muitas empresas que optam por não assumir novos projetos e arriscam assim sua sobrevivência, mantendo-se engajadas em alguns poucos clientes, insatisfeitos, que logo deverão trocar de fornecedor.

Além do prejuízo de imagem, há o prejuízo financeiro. Não é viável contratar novas pessoas para cada novo projeto, assim como não é possível contratar todos os tipos de recursos existentes no mundo. A empresa precisa segmentar seu mercado e organizar um catálogo de serviços [32] com os tipos de projeto que pretende atuar. Isso facilita o ganho de conhecimento e o estabelecimento de bases históricas. O contrário também é verdadeiro: empresas que assumem projetos que se tornam "eternos" não conseguem assimilar lições aprendidas, não melhoram seus processos e tratam cada projeto como uma absoluta exceção.

Como evitar projetos "eternos"?

Para evitá-los é preciso entender por que existem. Quais motivos levaram de fato o projeto a se estender tanto? É preciso fazer uma análise causal para descobrir, pontualmente, os motivos.

A análise causal pode ser feita usando o diagrama de Ishikawa [11], que mostra as causas relacionadas aos efeitos. Ela utiliza o modelo de 6Ms, que são:

- **Método** – Forma como o serviço foi executado.
- **Mão de obra** – Pessoas envolvidas no processo, *gaps* de competências, erro humano etc.
- **Meio ambiente** – Ambiente onde o processo foi executado.
- **Máquina** – Equipamentos e ferramentas envolvidos no processo.
- **Medida** – Parâmetros de qualidade medidos, indicadores e métricas.
- **Material** – Qualidade do material utilizado.

Com esses parâmetros pode-se chegar a uma avaliação mais completa sobre os motivos que levaram o projeto a postergar entregas para uma segunda fase.

Outro ponto é evitar mal entendidos no escopo. A ferramenta que pode ser utilizada é o **Escopo Negativo**. Com ele é possível excluir de forma explícita os itens que não farão parte do projeto. A gestão das expectativas das **partes interessadas** também é utilizada para garantir que todas as necessidades foram mapeadas e que as **partes interessadas** estão cientes das alterações e exclusões de escopo.

De tudo, o mais importante é obter o *sign-off*, ou seja, a aceitação formal dos requisitos. É isso que garante que o acordado é o mesmo no entendimento de todos e que não haverá surpresas posteriores. Deve-se a todo custo evitar mudanças desnecessárias. Sabe-se que, na área de software, por exemplo, cerca de 80% das funcionalidades nunca são utilizadas. Para que empreender esforço e mobilizar recursos em algo que não terá uso?

Cabe ao gerente de projetos estreitar o relacionamento com o cliente, compreender suas necessidades e seu negócio, para ajudá-lo a priorizar o que será realizado. Atender ao cliente em tudo que pede pode acabar prejudicando a todos. Sim, o gerente de projetos também precisa atuar como a "Super Nanny", como veremos no Capítulo 10.

Exemplo

Paolo era gerente de Tecnologia da Informação de uma instituição conceituada no país. Assumiu cerca de vinte projetos, alguns já em fase de homologação e implantação. O desafio nunca lhe pareceu pequeno, mas tinha autoconfiança para lidar com os problemas, tinha apoio da alta direção e já estava há mais de cinco anos na empresa, conhecendo todos os seus processos e pormenores. Um desses projetos era para a área educacional e consistia em criar um Sistema de Controle de Frequência, ou seja, implantar catracas e sensores de presença nas salas de aula para gerar uma lista de frequência. O orçamento para o projeto já havia sido predefinido pela diretoria e cabia a ele viabilizar sua execução.

Sua primeira atividade foi procurar um parceiro especialista no assunto – e como foi difícil encontrar! Vieram muitos charlatões buscando oportunidades, como aquele tipo de empresa pequena que vende qualquer coisa para sobreviver. Alguns deles sequer sabiam as regras de negócio de uma escola e não faziam a menor ideia de como implementar o sistema. Sugeriram equipamentos caros e alta tecnologia para resolver o que, na verdade, era simples.

Depois de muito buscar, Paolo conseguiu um fornecedor e o levou para uma reunião com a área educacional. O fornecedor não havia sido "brifado" (não haviam combinado o discurso) e durante a reunião ofereceu várias ideias inovadoras para os clientes. Estes, por sua vez, não faziam ideia de quanto custariam aquelas inovações, mas gostaram delas. No momento da orçamentação descobriu-se que a proposta do fornecedor superava em 100% o orçamento total do projeto. O que fazer?

Paolo prontamente negociou com a área cliente, buscando alternativas para aumentar o orçamento ou reduzir o escopo (em alusão à tríplice restrição). Os clientes foram irredutíveis, queriam que TUDO fosse implementado, pois queriam ser a instituição mais inovadora do país, como sempre haviam sido. Paolo então optou por negociar o escopo do projeto com eles, implementando parte do que queriam dentro do que cabia no orçamento e deixando a segunda parte para o ano seguinte, quando o orçamento anual de Tecnologia da Informação seria revisado. Os clientes aceitaram.

Ao final do ano, como era de se esperar, gastou-se um pouco mais do que o previsto. O fornecedor atrasou algumas entregas e a inauguração da nova unidade educacional ocorreu sem o sistema, voltando ao modelo de "lista de presença". Não chegou a ser um fiasco, pois ninguém além dos envolvidos sabia dos planos que haviam sido feitos. No ano seguinte, Paolo disputou de forma voraz pelo orçamento para terminar o projeto, mas, por fim, o orçamento não foi aprovado na sua totalidade. E mais uma vez foi preciso deixar para a próxima fase.

Capítulo 5
Preciso disso até sexta...

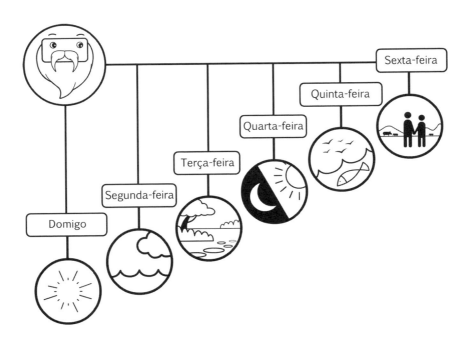

Já fiz projetos maiores em 7 dias, por que esse precisaria passar de sexta-feira?

Situação

Não apenas a falta de planejamento, mas principalmente a falta do acompanhamento de métricas de produtividade faz com que gerentes de projetos e de operações peçam atividades "até sexta-feira". Isso impacta muito na capacidade produtiva, mas principalmente na motivação dos profissionais.

Se o gerente de projetos está pedindo um trabalho até sexta, significa que não seguiu um processo de estimativa, não planejou adequadamente as datas, não obteve o *sign-off* das partes interessadas e não fez o acompanhamento do projeto – do contrário, toda a equipe estaria ciente do prazo.

Isso também pode significar que houve mudanças na prioridade entre os projetos. Com isso, mostra que o portfólio não está seguindo uma sequência de priorização previamente estabelecida, mas está sujeito a constantes mudanças. Por portfólio se entende um conjunto de projetos e programas que atendem a um objetivo estratégico, por exemplo: alcançar um novo patamar de faturamento, atender a um cliente-chave, um conjunto de projetos não diretamente relacionados (apenas pelo objetivo comum) etc.

Ora, o processo normal seria escolher o modelo de priorização do portfólio para, em seguida, definir a sequência de execução dos projetos [1]. Mas, muitas vezes por desconhecimento ou negligência da empresa nas técnicas de priorização de portfólio, os projetos mudam constantemente suas prioridades e as equipes ficam reféns dessas mudanças.

Complicação

A maior complicação da falta de estimativas é a falta de controle subsequente. Sem medir não se pode controlar, e sem controle não há como garantir prazos. No entanto, tão complicado quanto trabalhar sem estimativas é fazê-las e vê-las serem suplantadas por mudanças de prioridades.

É imprescindível manter um ritmo de trabalho sustentável, com estimativas geradas pela própria equipe e priorização correta dos projetos do portfólio. Os projetos devem ser planejados e, se possível, a equipe deve ficar focada em apenas um projeto por vez, aumentando assim suas chances de "finalizar alguma coisa".

Sempre que a equipe é submetida a um ritmo acelerado de trabalho, tende-se a perder qualidade. Em um ritmo anormal, a equipe irá se estafar e, ainda que se paguem horas extras, pode ser que muitos deixem a empresa, talvez pressionados por suas famílias ou por sua qualidade de vida.

A situação se agrava quando há pressões como essa, de pedir o trabalho até sexta-feira, pois a sensação da equipe acaba sendo de incompetência e de impotência para fazer seu trabalho adequadamente. Podem começar a usar a situação como desculpa para atrasos e entregas com baixa qualidade.

Manter os prazos alinhados é uma das maiores dificuldades do gestor de portfólio – se já é difícil manter um projeto no prazo, imagine vários! A questão é que sempre que mudamos o prazo de um projeto impactamos os demais, e isso gera um ciclo vicioso de atrasos e mudanças de prioridade. Na perspectiva do cliente, vê-se apenas a improdutividade. Nenhuma desculpa, ainda que o problema tenha sido causado por ele próprio, será justificada.

Como manter os prazos alinhados e as equipes motivadas?

Para manter os prazos alinhados é preciso montar uma sequência de projetos baseada na capacidade de execução da equipe. É como uma linha de produção: existem gargalos insolúveis. Gargalos são aqueles pontos da sequência de trabalho que demorarão mais que os outros. Por exemplo: num processo de publicação de artigos o mais demorado é a pesquisa. Não há como reduzir o tempo de pesquisa, a não ser que o autor já tenha conhecimento prévio do assunto.

Já nas estimativas, a única forma é medir. Nos projetos de aplicativos que desenvolvo atualmente, uso pontos de função. Coletamos os esforços reais de uma série de projetos e, usando uma métrica única, conseguimos estimar projetos com segurança. O que parecia uma utopia se tornou possível fazendo projetos similares e usando a mesma métrica.

As mudanças de prioridade também têm impactos nas estimativas [27]. A partir do momento que a equipe perceber que os prazos passados serão interrompidos por outras prioridades e que sua credibilidade poderá entrar em xeque, passará a estimar com mais "gordura" nas atividades. Isso elevará o preço dos projetos e reduzirá a competitividade da empresa, mas não só isso. Existe uma lei chamada Lei de Parkinson [21], que explica que todo esforço se adequa ao tempo disponível, ou seja, a equipe passará tanto a adicionar "gorduras" nas estimativas quanto a entregar os projetos no tempo, já incluindo a "gordura". Sabe-se ainda que, através da **Síndrome do Estudante** [14], é da natureza humana deixar os trabalhos para a última hora. Dessa forma, o projeto já estimado com "gordura" passa a ter grandes chances de atrasar, visto que, se houver interrupções, mesmo o prazo estimado com "gordura" tenderá a falhar.

Por fim, sabe-se que a capacidade de concentração de uma pessoa diminui conforme paralelizamos atividades. Uma pessoa chega a perder 50% de sua produtividade quando faz três ou mais atividades em paralelo. Logo, pior que repriorizar projetos é paralelizá-los.

Exemplo

Mauro era gerente de projetos e gerenciava vários projetos ao mesmo tempo. Assim como ele, seus recursos humanos também participavam de vários projetos e também da operação.

Como a concorrência por recursos era muito grande, Mauro acabou atrasando alguns de seus projetos. Por pressão dos clientes, as prioridades mudaram e alguns projetos foram deixados de lado, o que no jargão de projetos chamamos de "congelados" temporariamente ou *on hold*.

Mauro seguia as definições de prioridade da empresa, pois era muito disciplinado, mas as estimativas que fazia nunca batiam com a realidade. Ele se perguntava por que isso acontecia até perceber que faltavam recursos para fazer tantos projetos ao mesmo tempo.

A empresa, na ânsia de aumentar o faturamento, assumia mais projetos do que era capaz, e com isso todos os prazos que prometia eram "furados". Mauro se esforçava com suas equipes para fazer os projetos acontecerem nos prazos, mas as prioridades mudavam sempre. Ele reportou o gargalo por várias vezes, mas não era ouvido. A cultura da empresa era aquela. Por fim, após atrasar cinco projetos, Mauro foi desligado da empresa, culpado pelo fracasso dos projetos.

Capítulo 6
Precisamos melhorar nossa produtividade!

– Pessoal, a partir de hoje quero o dobro de resultado. Com metade dos custos!

Situação

Quanto à produtividade, sempre pergunto: Está sendo medida? Geralmente a percepção de produtividade tem a ver com os prazos combinados com os clientes, mas esses prazos não levaram em consideração o esforço necessário para fazer o trabalho, ou seja, são prazos arbitrários. Se estiver sendo medida, será que as variações ambientais e individuais estão sendo consideradas na medição?

Medir produtividade nem sempre é fácil, existem sempre variáveis diferentes em cada projeto. Muitos gestores comparam a produtividade entre projetos diferentes; quais as chances de haver fatores influenciadores diferentes em cada um deles?

Construir um prédio de alto padrão dá muito mais trabalho que um prédio comum, construir um software de alta complexidade também. Isso ocorre em todas as áreas de trabalho.

Complicação

Sem medir a produtividade, como calcular os prazos dos projetos? É uma negligência comum no mercado, devido às concorrências, ofertar projetos com prazos arbitrários. Isso causa dificuldades na implementação, pois os executores não têm a oportunidade de se comprometer com os prazos. Por mais horas extras que se façam, muitas vezes não é possível entregar em tempo e gera-se um ciclo de atrasos que impacta os projetos em série.

Já comentei isso antes, mas vale repetir: um projeto atrasado empaca a empresa, impedindo que outros projetos comecem. Estagna os recursos, que ficam presos a um projeto só e causa desconforto para todas as partes interessadas. É realmente necessário trabalhar assim?

Como medir a produtividade?

Para medir a produtividade num projeto é preciso estabelecer métricas [17]. Como já foi comentado no Capítulo 3, as métricas precisam definir uma unidade que realmente corresponda ao esforço empreendido; caso contrário, se torna inútil.

Para chegar ao nível de estabelecer métricas tão consistentes que se possa usar em tempo de proposta é preciso um conjunto histórico de projetos usando a mesma unidade, de forma realista, com todo o racional sobre as variações. Já trabalhei em empresas que usavam diversas métricas, uma para cada tipo de projeto – por exemplo: número de pontos de rede instalados, número de computadores migrados, unidades habitacionais construídas etc.

É possível ainda estabelecer "fatores de ajuste", que auxiliam a contextualização das diferenças de forma matemática, multiplicando a unidade por esses fatores. Poderiam ser, por exemplo, a localização geográfica, a experiência da equipe ou simplesmente um fator de complexidade (alta, média ou baixa).

Em se tratando de projetos de software, um modelo de produtividade que utilizo em meus projetos de aplicativos móveis é o homem-hora/*story points* [5]. Por homem-hora entende-se a quantidade total de horas trabalhadas. Já os *story points* são pontos de esforço/complexidade para cada parte do projeto (ou nó da EAP). Mas qual é o parâmetro de comparação sobre a medida? A resposta é: depende.

Existem vários fatores de ajuste necessários para cada projeto, e muitos deles não dependem da equipe executora. Por exemplo, a equipe trabalhou exclusivamente nesse projeto? Houve diferenças tecnológicas entre um projeto e outro? A equipe alocada tinha conhecimento adequado? Os requisitos do projeto estavam bem delineados? Geralmente a resposta é não.

A título de exemplo, acompanhe a tabela de indicadores a seguir. Nela, o índice de produtividade é medido através de homem-hora/*story points*. Trata-se de uma mesma equipe ao longo de um projeto pequeno, de cerca de três meses.

Sprint	Produtividade*	Bugs	Changes
1	50,00	0,00	0,08
2	13,33	0,00	0,02
3	13,64	0,32	0,00
4	13,79	0,55	0,07
5	17,39	0,52	0,13
6	0,94	0,00	0,24
7	2,67	0,00	0,44

*Horas por *story point* (Quanto menos, melhor)

Observe como a produtividade foi crescente ao longo do projeto, pois a equipe foi adquirindo familiaridade com os requisitos e com a tecnologia. Também é possível notar que houve influência do índice de *bugs,* calculado através do número de *bugs* (sem definição de pesos) por *story points* e do índice de *changes*, calculado através do número de mudanças de requisitos (sem definição de pesos) por *story points.*

Logo, seria uma falácia comparar apenas a produtividade, assim como seria um erro comparar produtividade entre equipes ou pessoas sem levar em consideração outros fatores, como os listados anteriormente.

Todo gestor quer aumentar a produtividade de sua equipe, mas há que se lembrar da regra dos 15/85 de Deming [7], que explica que apenas 15% do resultado é de responsabilidade direta da equipe. Todo o resto é responsabilidade do gestor, através do ambiente, dos processos e das ferramentas.

Exemplo

Reginaldo era vendedor de uma empresa de design e produzia peças gráficas para seus clientes. Ele era muito bom em vendas, mas não possuía base histórica para apoiá-lo nas estimativas de tempo. Como tinha metas de vendas a cumprir, estabelecia prazos e valores arbitrariamente, sem definição de limites de quantidades ou tempo de resposta para lidar com alterações.

Seus primeiros projetos foram complicados, pois vendia cada peça a R$ 500, com entrega prevista para 24 horas. A equipe de operações esbarrava em vários problemas ao longo do caminho. Às vezes a plataforma em que seriam apresentadas as peças era diferente daquela com que estavam acostumados, o que aumentava bastante o trabalho, havia muito retrabalho quando o cliente via a peça e havia também informações erradas passadas pelo cliente, que geravam muitas alterações.

Muitas vezes o preço de R$ 500 ficava inviável, mas Reginaldo não tinha como renegociar, pois já havia passado o preço unitário e fechado o contrato. A situação era então "resolvida" e seguia-se para o próximo projeto. Depois de um ano, os clientes pediram uma redução de preço, pois havia outras agências fazendo o serviço mais barato. Reginaldo precisou aceitar a redução, senão sairia do mercado. Sem saber o histórico real dos trabalhos ou os problemas mais frequentes, o negócio se tornou inviável e ele foi obrigado a desistir.

Capítulo 7
É culpa da chuva...

*Será que tem problema acampar na época de chuva?
Talvez não chova esse ano...*

Situação

Existem fatores em projetos que já são conhecidos, mas que aparentemente são ignorados pelos gerentes de projetos. Por exemplo: os períodos de chuva, a indisponibilidade de recursos técnicos nos períodos de férias, o período de aprovação das aquisições, a falta de recursos financeiros quando se aproxima o fim do ano orçamentário etc.

São peculiaridades de cada ramo de atuação e de cada empresa específica também. Mas, ainda assim, se o gerente de projetos espera ter sucesso naquele ambiente, precisa conhecê-las.

Imagine uma empresa que organiza eventos e que não prevê problemas na catraca de entrada. Ficariam milhares de pessoas esperando uma solução na fila? Ou, ainda, que não se prepara previamente para a falta de um componente do espetáculo. O que fazer?

Quando um cliente compra o trabalho de uma empresa especializada, espera que ela saiba identificar os riscos e que os trate adequadamente, sem precisar de sua intervenção. Quantos de nós, afinal, sabemos fazer eventos?

Complicação

A complicação é simples: vários erros previsíveis e evitáveis ocorrerão nos projetos, e nenhum cliente irá bancar os custos das correções por ter contratado um especialista. Se as coisas se encerrassem aí, tudo estaria bem. Mas quanto custam esses "pequenos equívocos"?

Equívocos ocorridos em um projeto provavelmente ocorrerão em outros também. Se nossa empresa de eventos realizar dez eventos por ano ao custo de R$ 300.000 cada, com uma lucratividade média de 30% (supondo que seja essa a média de mercado), e tiver prejuízos em cada um deles por conta de descuidos da ordem de 15% (sendo bondoso!), qual seria o prejuízo? R$ 300 mil x 15% x 10 = R$ 450.000. É como se um evento e meio saísse de graça a cada ano!

Se pensarmos em operações de Tecnologia da Informação, cujos projetos tendem a ser bem maiores que R$ 300.000, teríamos prejuízos milionários. Depois as empresas percebem que precisam cortar custos e optam por demitir pessoas, cancelar contratos ou parar de começar novos projetos, para evitar aumentar o prejuízo. É uma solução realmente inteligente?

Como evitar incorrer em erros previsíveis?

Em primeiro lugar é preciso ter conhecimento dos **fatores ambientais** [23], que se referem ao ambiente onde o projeto está inserido: cultura da empresa, estrutura organizacional, relações políticas, o mercado, o ramo de atuação etc. Em seguida, é preciso referir-se aos **ativos de processo** [23], que são políticas, processos e procedimentos do Sistema de Gestão da Qualidade e também incluem as lições aprendidas. Tendo sido feita a análise do ambiente, das partes interessadas, dos contratos e da documentação do projeto, pode-se realizar o gerenciamento de riscos.

O gerenciamento de riscos é uma área que considero curiosa, pois trata situações que podem nunca vir a existir. Essas situações podem ser oportunidades ou ameaças, que devem ser identificadas, analisadas, mensuradas e tratadas adequadamente, de acordo com a estratégia do projeto.

Muitos consideram um desperdício alocar verba para tratar riscos, talvez porque o primeiro *brainstorming* [23] de identificação dos riscos apresente algumas ideias sem muita utilidade – mas exatamente por isso os riscos devem ser analisados e priorizados antes que se elaborem os planos de resposta.

Riscos são potenciais problemas ou oportunidades (riscos positivos) que podem afetar o projeto. Devem ser gerenciados para ter seus impactos reduzidos, ou pelo menos monitorados. Riscos "ignorados" têm impacto completamente desconhecido, e isso pode causar prejuízos irreversíveis ao projeto.

Para fazer o gerenciamento dos riscos, o Guia PMBOK® define um conjunto de boas práticas:

1. Planejamento do Gerenciamento dos Riscos
2. Identificação dos Riscos

3. Análise Qualitativa dos Riscos

4. Análise Quantitativa dos Riscos

5. Planejamento de Resposta aos Riscos

6. Monitoramento e Controle dos Riscos

Na prática, geralmente utiliza-se o "Registro de Riscos" como ferramenta para os passos 2, 3, 5 e 6. Vou mostrar como fazer a seguir:

Para identificar os riscos, é realizado um *brainstorming* tomando como guia a EAP, por apresentar as entregas e fases. Documentos de lições aprendidas também são excelentes pontos de partida, pois mostram tudo que deu certo e errado em um projeto passado.

ID	RISCOS	Exp.	Status.	FUP	Estratégia
1	Dummy risk	1	Ativo	dummy action	Eliminar
1	Dummy risk	2	Cancelado	dummy action	Mitigar
1	Dummy risk	3	Ocorrido	dummy action	Transferir
1	Dummy risk	2	Obsoleto	dummy action	Aceitar
1	Dummy risk	1	Pausa	dummy action	Mitigar
1	Dummy risk	6	Ativo	dummy action	Mitigar
1	Dummy risk	9	Ativo	dummy action	Transferir

Os riscos identificados são registrados no "Registro de Riscos" (figura anterior), inicialmente preenchendo-se apenas as colunas "ID" e "Risco".

Para descrever um risco é importante determinar claramente o que ele é, evitando ambiguidades. Por exemplo: um risco chamado "Risco de chuva" não especifica claramente do que se trata, mas se utilizarmos "Risco da chuva alagar o datacenter" se torna possível analisar e determinar ações.

A análise qualitativa dos riscos consiste na determinação da probabilidade e do impacto. Probabilidade é a "chance" do risco ocorrer e impacto é "quanto" ele vai afetar o projeto. Embora existam muitas escalas, prefiro usar a escala de 1-3, sendo 1 o mais baixo e 3 o mais alto.

Com a multiplicação da probabilidade x impacto se obtém a exposição, e é esse o número que estamos procurando, pois riscos com MAIOR exposição são os que devem ser tratados prioritariamente. Exemplo:

- "Alagar o mundo inteiro, impedindo o andamento do projeto". Probabilidade: 1, impacto: 3, exposição: 3.

- "Queda de energia danificar equipamentos sem filtro elétrico". Probabilidade: 3, impacto: 3, exposição: 9.

Tendo selecionado os riscos mais prioritários (que têm maior exposição), precisamos definir a Estratégia de Resposta (passo 5). Para nos auxiliar, o Guia PMBOK® descreve algumas estratégias possíveis para lidar com ameaças (para "oportunidades", consulte o Guia PMBOK® no capítulo Gerenciamento de Riscos):

- **Eliminar** – Modificar o projeto para que o risco se torne impossível de ocorrer. Exemplo: "não haver meios de transporte entre São Paulo e Rio de Janeiro". Ação: fazer o projeto em *home office*. Pronto, resolvido.

- **Mitigar** – Reduzir o impacto do risco. Exemplo: "queda de energia danificar equipamentos". Ação: instalar um filtro elétrico. Com essa ação, a probabilidade de ocorrência do risco diminui bastante, mas não é eliminada.

- **Transferir** – Transferir o risco para um terceiro. Exemplo: "fornecedor atrasar a entrega do produto". Ação: adicionar multa ao contrato, suprindo os custos do atraso. O risco agora é do fornecedor.

- **Aceitar** – Não há nenhuma ação possível, logo, iremos apenas monitorar o risco periodicamente.

Tendo determinado a estratégia de ação, vem o momento de definir a ação propriamente dita. Neste passo deve-se descrever ações, responsáveis e o *status*.

É importante determinar "ações de contingência" para os riscos, o que popularmente se chama de Plano B, e, ainda, determinar "gatilhos", ou seja, formas de avaliar se o risco ocorreu ou não. E quando considerar que houve atraso? Deve-se descrever no gatilho o que significa atraso, podendo ser relacionado à quantidade de dias, semanas ou meses.

Exemplo

Nelson era gerente de projetos em uma multinacional de tecnologia e certa vez foi alocado em um projeto de redes que faria uma simples troca de equipamento, gerando uma pequena janela de indisponibilidade. Ele sabiamente obteve o *sign-off* do gerente de TI da empresa cliente, que aprovou aquele intervalo de tempo em que a empresa ficaria sem serviço.

No dia da implantação, Nelson alocou sua equipe com um cronograma minuto a minuto e fez o monitoramento de perto de cada passo, um trabalho perfeito! Ele não contava, no entanto, com o fato de o gerente da empresa cliente ter esquecido de avisar os funcionários sobre a janela de manutenção. Nelson recebeu uma ligação de seu diretor, dizendo que o CEO da empresa cliente estava precisando imprimir contratos urgentes e não estava conseguindo, e perguntou-lhe o que estava acontecendo.

Nelson se justificou e, como havia registrado por e-mail a negociação que fez com o gerente, salvou seu emprego. Porém, como o CEO do cliente pediu sua cabeça, foi mudado de departamento!

Capítulo 8
Auditoria? Preciso atualizar a documentação!

Papai do céu, me proteja da auditoria, pois a documentação do projeto está um caos!!

Situação

A maioria esmagadora de gerentes de projetos se desespera quando chega uma auditoria. A documentação nunca está atualizada! Acredito que isso ocorra porque se cria um dilema entre seguir processos e cumprir prazos.

Um gerente de projetos que não segue os processos, além de não cumprir a recomendação do PMI – que é categórico ao apontar "ativos de processos" em quase todos seus processos –, está negligenciando a estrutura sequencial que foi estabelecida pela organização para garantir e controlar a qualidade.

Complicação

O dilema entre seguir o processo ou cumprir o prazo não deveria existir, se considerarmos que os processos foram feitos para garantir entregas com qualidade. Ou será que queremos entregar produtos defeituosos?

O problema é que muitos processos são construídos por pessoas que não vivenciaram os projetos e por isso incluem passos que não condizem com a realidade. Já vi processos que obrigavam o gerente de projetos a atualizar a lista de riscos toda quarta-feira, e, se não atualizasse, era aberta uma não conformidade que, se não fosse corrigida em tempo, ia para a diretoria. Ora, atualizar a lista de riscos semanalmente é obrigatório para todos os projetos? Nesse caso, além de tudo, não havia separação entre riscos prioritários, secundários e lista de observação. Assim fica difícil!

Os processos também deixam de ser atualizados no ritmo em que a empresa muda. Por exemplo, uma empresa cujo processo de aquisições estava desatualizado no Sistema de Gestão da Qualidade e o funcionário, ao tentar segui-lo, descobriu que precisava se informar com as pessoas da área, que, por sua vez, ainda não conheciam o novo processo. O projeto teve um atraso de 39 dias apenas nas aquisições.

Por último, os processos nem sempre são customizados para cada projeto – o próprio conceito de projeto já deveria ser suficiente para alertar isso, mas o que acontece na prática é que existem processos engessados e sem customização alguma.

Cumprir o prazo ou seguir o processo?

Antes de qualquer coisa, vamos alinhar os conceitos básicos: qualidade, segundo Juran [13], é quando um produto atende a seu propósito, através de seu princípio de adequação ao uso. Já segundo Crosby [6], qualidade significa cumprir os requisitos e é medida pelo custo da não conformidade. Deming [7], por sua vez, nos ensina, através de seus quinze pontos, que 85% dos problemas de qualidade provêm dos processos e da administração, não dos indivíduos, como se prega no mercado.

Garantia da qualidade é estabelecer ações proativas ao longo do desenvolvimento para aumentar as chances de o produto sair com qualidade final. E o controle da qualidade é fazer checagens periódicas para avaliar se as métricas de qualidade estão sendo alcançadas. Desse modo, faz-se um ciclo completo de qualidade, planejando, garantindo e controlando.

No planejamento da qualidade, que é o primeiro de todos os passos, são especificados parâmetros (medidas) que ajudarão tanto o gerente de projetos quanto a área de qualidade a avaliar se o produto está dentro das especificações e se o projeto seguiu os procedimentos estabelecidos. É a partir desses parâmetros e do estudo de projetos passados que a área de qualidade estabelece os processos, visando garantir a qualidade. O controle é balizado conforme a criticidade do projeto: se for um projeto de um avião, o controle será mais rígido, pois envolve vidas. Se for um projeto de construção de uma casinha de cachorro, o controle será muito mais simples.

Entender esse ciclo faz com que o gerente de projetos "compre" a ideia de que os processos são realmente úteis ao seu trabalho. Mas será que são mesmo?

Pode-se ainda dizer que, como cada projeto é uma jornada única, a empresa deve customizar o processo caso a caso. Se a empresa acha que customizar é custoso demais, pode ao menos separar os projetos por categorias [3]. Por exemplo, pelo porte: pequeno (até X reais), médios (de X+1 até Y reais), grandes (acima de Y reais). Com isso é possível determinar processos específicos para cada categoria, o que nem de longe irá resolver o problema da "sensação de inutilidade dos processos", já que os projetos fazem seus próprios acordos – alguns irão priorizar escopo, outros tempo, outros custos e assim por diante.

Vale ainda ressaltar que o gerenciamento da integração, primeira área do Guia PMBOK®, tem a ver com a coesão documental do projeto. Não que seu propósito seja atualizar documentos; o propósito é garantir que o projeto esteja coerente nas dez áreas de conhecimento. Mas o que é isso senão a garantia da qualidade?

Por fim, é importante que entendamos a importância da qualidade em projetos e que isso é definido a cada caso, conforme a necessidade. Cabe ao gerente de projetos determinar junto à área de qualidade quais medições serão realizadas e o porquê.

Exemplo

Jeane assumiu o maior projeto da empresa na sua primeira experiência como gerente de projetos. Tratava-se de um software complexo e integrado com sistemas legados que implementava um controle específico de logística. O sistema era tão específico que foi necessário integrar as equipes do legado com as equipes do software novo, visto que nem o cliente sabia detalhes de seus processos, hospedados há muitos anos por aquela empresa.

Jeane seguiu o processo normal, levantando requisitos junto com sua equipe, tanto no cliente quanto na equipe do legado. O cliente, no entanto, não se comprometia com os requisitos, pois não os conhecia por completo. Nunca chegou a assinar sequer um documento de casos de uso especificando as funcionalidades do software.

Certa vez, durante uma viagem com um dos analistas de negócios, numa conversa informal o cliente entendeu que o software ficaria pronto em três meses. Na realidade o software levaria cerca de dezoito meses para terminar e estavam no sexto mês de projeto.

Jeane tentou a todo custo reverter essa data, mas, quando soube do caso, o cliente já havia avisado ao Brasil inteiro e convidado todos os seus clientes para uma apresentação, através de um comunicado oficial. Como não havia o que fazer, Jeane reuniu sua equipe. Juntos, decidiram ignorar todas as diretrizes e processos, para executar o projeto no tempo prometido. Foram noites, fins de semana e feriados para terminar o projeto, embora tenham conseguido apenas terminar uma parte.

Na data combinada, Jeane foi até a reunião de apresentação na sede do cliente e lá encontrou cerca de quinhentas pessoas para a reunião. Sabendo das dificuldades na implementação, foi uma imprudência não levar slides com as telas copiadas, mas assim Jeane o fez. O produto simplesmente não funcionou. Ela tentou contornar a situação apresentando as telas e falando do produto, mas ainda assim a reunião foi um fracasso.

Durante os meses seguintes foi um "Deus nos acuda": implementações de emergência e muitas críticas dos usuários, o que chegou inclusive aos jornais. Jeane ainda permaneceu por algum tempo na empresa fazendo o produto acontecer, mas o projeto, que levaria dezoito meses, levou cinco anos. Acredite se quiser!

Capítulo 9
Ninguém me falou nada sobre isso...

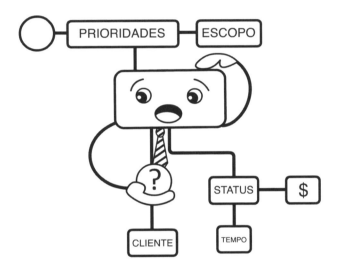

Por que ninguém me falou que a entrega do projeto era ontem?

Situação

O gerente de projetos nunca pode dizer que não sabe de alguma coisa. Temos que saber de tudo! Ou pelo menos saber quem pode nos ensinar. Já as equipes, se não forem envolvidas adequadamente, é certeza que não saberão o que fazer, ao menos não de forma coordenada.

Áreas de apoio são as mais impactadas e também as que mais impactam. Imagine solicitar testes de um produto à área de qualidade sem que ela nunca tenha ouvido falar dele? Isso também pode ocorrer com a equipe direta do projeto, se uma comunicação eficaz não for realizada.

Seja por conta de um planejamento muito macro, seja por falta de alinhamento, muitas vezes ocorre das equipes de projeto não saberem o que fazer exatamente. Por mais estranho que pareça, as pessoas não adivinham o que devem fazer e nem quando.

Descobrir as regras, os passos e as partes interessadas durante o "voo" tem um alto custo, gera erros e retrabalho [34]. É o que chamo de "gerenciamento de projetos baseado em missões". Nos jogos de RPG (*role-playing game*) tem-se o conceito de missões (*quests*), que são buscas por pistas até que se cumpra um objetivo. Uma missão pode levar minutos e até meses, é impossível prever. Da mesma forma ocorre com "projetos baseados em missões": não se sabe exatamente o que irá acontecer, por falta de informações.

Isso acontece porque muitas vezes o gerente de projetos não inclui a equipe na definição de escopo, na construção da Estrutura Analítica do Projeto, no desenvolvimento do cronograma ou simplesmente porque não envolveu todas as partes interessadas. Seja qual for o caso, o desconhecimento do que e de como fazer algo é um indício grave de risco de entrega.

As razões podem ser: falta de tempo para planejar (Capítulo 2), falta de experiência do gerente de projetos, falta de visão (ou negligência) do processo completo (Capítulo 8), problemas de comunicação na delegação das atividades ou simplesmente porque o gerente de projetos não conseguiu identificar as partes interessadas.

Complicação

O esforço de comunicação pode se tornar alto demais, visto que será necessário convocar todas as partes interessadas às reuniões do projeto, visando descobrir regras. Mas é ainda pior quando uma parte interessada aparece no final do projeto mudando requisitos ou apresentando regras que deveriam ter sido cumpridas desde o começo.

Além do mais, erros contornados no projeto podem gerar problemas crônicos para a operação, onerando o fluxo de caixa da empresa com problemas que poderiam ter sido evitados (Capítulo 7).

Em última instância, como já sabemos, a responsabilidade será do gerente de projetos, independentemente da empresa possuir ou não um Sistema de Gerenciamento da Qualidade e da equipe de projetos estar disponível (e capacitada) ou não.

Como melhorar a comunicação nos projetos?

Primeiramente, as partes interessadas devem ser identificadas, pois elas formam a base de apoio, mas também o "calcanhar de Aquiles" de todo projeto. Em seguida, deve-se engajá-las, ou seja, obter seu apoio para a execução do projeto, entendendo suas necessidades e seus requisitos.

A prioridade do projeto deve estar clara para todos, pois já sabemos que os recursos (humanos, materiais e financeiros) serão sempre escassos e disputados entre projetos.

Deve-se, ainda, esclarecer a trilha, o caminho, o processo a ser seguido, do início ao fim, para todas as partes interessadas. Dessa forma elas poderão apresentar suas restrições antecipadamente.

O plano de comunicação deve envolver as áreas operacionais, fazer acordos de passagem de bastão (*handover*) e mantê-las informadas sobre o progresso e os problemas do projeto ao longo de sua execução. Esse é um ponto geralmente esquecido pelos gerentes de projeto. As áreas de apoio, os executores e a alta administração também devem ser envolvidos.

Depois que todas as partes interessadas estiverem de fato engajadas, o projeto poderá seguir sua execução com maior segurança, e o gerente de projetos deverá monitorar esse engajamento de tempos em tempos, revisando suas estratégias e comunicando o que está acontecendo no projeto.

O gerente de projetos não precisa ser um orador sensacional e nem tampouco escrever como os melhores jornalistas, mas precisa se fazer entender e passar informações corretas, completas, na hora certa e através de uma linguagem que cada parte interessada seja capaz de entender.

Em caso de problemas, sobretudo na fase de implantação de projetos ou no suporte a operação/produção, pode-se criar um plano de comunicação específico. Por exemplo: se o servidor parar de funcionar, informar os envolvidos A, B e C e iniciar o plano de ações corretivas "número 23". Se houver problemas em campo, informar os envolvidos D, E e F e iniciar o plano de ações corretivas "número 56".

Outros fatores a considerar no levantamento do público-alvo da comunicação do projeto são:

- Existem equipes terceirizadas?

- Existem várias empresas envolvidas no projeto?

- O cliente possui vários representantes?

- O patrocinador pertence à empresa prestadora ou à tomadora do serviço?

- Existe ferramenta para relatar o progresso do projeto?

- Existem reuniões periódicas para a escalada de problemas?

- Existem reuniões de *status* do projeto?

Tendo consciência das variações na comunicação, o gerente de projetos pode se preparar melhor para lidar com esse grande desafio que é manter todas as partes interessadas a par das informações que precisam saber, sempre.

Exemplo

João era gerente de projetos de um *outsourcing* de impressão, mas nunca havia feito um projeto desse tipo. Ao iniciá-lo, não teve apoio das áreas operacionais, que estavam totalmente ocupadas, e nem da alta gestão, que entendia que um projeto desse tipo era "fácil".

João fez um planejamento macro e começou a implantação. O contrato do cliente era baseado na quantidade de páginas impressas, ou seja, o custo do projeto seria recuperado com o tempo. Ao começar a implantar impressoras em cidades remotas, por achar que seria melhor começar pelo mais difícil, João esbarrou em um problema: quem daria suporte operacional ao que já fora implantado?

A área operacional não queria assumir um projeto que não havia sido completado, que não tinha definições de serviço e cujo fornecedor ainda estava em desenvolvimento. O projeto não tinha recursos para suportar operação e projeto. O que fazer?

O projeto, que levaria meses, se estendeu por quase um ano e o custo foi, naturalmente, muito maior que o esperado. As cidades onde haviam sido implantadas as primeiras impressoras começaram a pedir mudanças, e João, sem suporte, precisou lidar direto com o fornecedor para tratar as substituições, trocas de etiquetas, tipos de papel etc.

O fornecedor, nesse caso, assumiu muitas despesas, no intuito de fazer uma reivindicação posterior. João conseguiu contornar a muito custo e estresse aquela situação. Ao final do projeto, foi pressionado pelo gerente de operações, que lhe reclamava o fato de não ter feito um *handover* adequado. A operação assumiu parte do projeto depois da determinação da alta direção e acabou assumindo junto com ele todos os problemas gerados pelo projeto. A culpa é de quem?

É muito fácil culpar o gerente de projetos, por ser ele o responsável por tudo que acontece no projeto. Mas a verdade é que, nesse caso, João havia tentado manter um fluxo de comunicação fluido, envolvendo todas as áreas e fazendo um planejamento adequado, mas os recursos não estavam disponíveis.

Capítulo 10
Não era bem isso que eu queria...

Projeto bom mesmo é aquele que segue o que estava no escopo!

Situação

Quem nunca se deparou com um cliente insatisfeito? Por mais que tentemos oferecer o melhor serviço, sempre haverá detalhes esquecidos. Isso acontece porque nem sempre conseguimos captar as expectativas dos clientes e com isso deixamos de atendê-las.

Na comercialização de produtos, o cliente vai até uma prateleira e faz suas escolhas. Cabe à empresa oferecer condições facilitadas para que o cliente saia da loja com um produto que lhe atenda, dentre as opções disponíveis. Em serviços tem-se algo similar: o cliente vai até a empresa e escolhe o que melhor lhe convier, cabendo à empresa criar processos repetíveis para garantir a qualidade. Mas quando se fala em projetos não há prateleira e nem processos repetíveis, há um trabalho que nunca foi feito antes e que deve ser executado com escopo, tempo e custos definidos. Esse é o grande desafio!

Os projetos geralmente começam com a definição do escopo, que contém a interpretação das expectativas dos clientes. O problema é que nem sempre os clientes expressam suas expectativas claramente, seja por desconhecimento, falta de tempo ou porque simplesmente esperam que já saibamos o que fazer.

Ora, ninguém contrata uma empresa de eventos esperando ensiná-la como organizar um concerto musical. Espera-se que seja conhecedora dos pormenores da atividade que exerce. Por que seria diferente em projetos de engenharia, de tecnologia ou de qualquer outra área?

Ocorre que alguns tipos de projeto, sobretudo aqueles feitos sob encomenda, permitem que o cliente faça mudanças livremente. É como projetos de arquitetura residencial: o cliente "dá pitacos" ao longo da execução da obra, aumentando seu tempo e custo sem ter a real noção dos impactos que está causando. O mesmo acontece em projetos de software customizados: o cliente solicita relatórios, telas e botões, mas não sabe o impacto que isso irá causar a seu projeto.

Complicação

As mudanças fazem parte do cotidiano do ser humano. Assim como um bebê de um ano não acorda um dia e sai andando correndo pela casa, os adultos concebem ideias novas em etapas. Primeiro montam uma visão superficial para depois aprofundar os detalhes, e isso gera mudanças.

Não quero dizer com isso que as mudanças são culpadas por não atendermos às expectativas – ao contrário: elas geram um bom indicador de que algo pode estar errado com o escopo do projeto, pois são as expectativas não explícitas que as geram. A complicação reside no excesso de mudanças, principalmente mudanças desnecessárias. Às vezes as mudanças são tantas que o planejamento deixa de fazer sentido, e sem planejamento não há controle.

As mudanças superficiais, por sua vez, são grandes causadoras de problemas em projetos. Vulgarmente chamadas de "perfumaria", são pequenos ajustes que, se postos ao longo do projeto, impedem desnecessariamente sua conclusão dentro do planejamento inicial. Esse também é um dos grandes motivadores de insatisfação do cliente. Pode-se dizer que a responsabilidade neste caso é tanto do gerente de projetos quanto do próprio cliente.

Como garantir que o cliente receba o que esperava?

Na verdade, não se trata de uma questão de produto, a "insatisfação" não é cartesiana. A insatisfação do cliente tem mais a ver com a forma do que com o conteúdo. Se o gerenciamento de expectativas de um projeto for feito com primor, é bem provável que o cliente seja complacente.

Com gerenciamento de expectativas quero dizer: o cliente foi informado e é cúmplice das decisões do projeto. Ele participou das avaliações de impactos das mudanças e aceitou novos prazos.

Sendo mais prático, é possível utilizar protótipos para mitigar o risco de aceitação. Na engenharia civil, o equivalente a um protótipo seria uma planta em 3D, que permite a navegação nos cômodos de um edifício. Mas como essas plantas custam caro para desenvolver, normalmente as decisões de projetos são tomadas apenas com a planta-baixa. Na área de software, utilizam-se os modelos de "experiência do usuário", que mostram a navegação entre as telas de um sistema que sequer foi desenvolvido. Da mesma forma, todas as áreas que constroem produtos criam provas de conceito para validar partes antes de construírem o todo.

Outra tática utilizada é a de "entregas parciais", que consiste em dividir o objeto do projeto em várias entregas, de modo a permitir que o cliente faça verificações e solicitações de ajustes de forma programada.

Seja qual for a tática escolhida, é importante garantir a obtenção do "aceite" do cliente sobre as entregas. Para isso, nada mais crítico que definir claramente os "critérios de aceite". Eles devem ser claros e fáceis de mensurar. Se forem abstratos voltamos ao ponto inicial, que é cumprir as expectativas implícitas. Pode-se, por exemplo, montar uma tabela com as entregas e os critérios de aceite, conforme o exemplo a seguir:

Entrega	Critério de aceite
Piso térreo	• Piso azulejado.
	• Paredes pintadas com texturas, na cor azul.
	• Vidros colocados sem arranhões ou rachaduras.
	• Logo da empresa aplicado no vidro frontal.
	• Placa indicadora de entrada e saída aplicada na porta frontal.
	• Abertura automática da porta em funcionamento, com o tempo de 1 segundo para abrir, conforme especificação.
Planejamento estratégico finalizado	• Descrição de missão, visão e valores.
	• Objetivos estratégicos definidos.
	• Metas estratégicas definidas.
	• Indicadores estratégicos definidos.
	• Planos de ação definidos com atividade, responsável e data limite.
	Os itens mencionados serão submetidos a duas rodadas de validação do conselho administrativo e o trabalho se dará por concluído.

Como podemos ver, fica muito mais fácil obter o aceite de algo que foi combinado previamente. Na definição de critérios de aceite pode-se limitar sensivelmente a forma de aprovação.

Após a definição de escopo, que são as entregas do projeto e a obtenção do comprometimento do cliente com os critérios de aceite, entra em ação o Controle Integrado de Mudanças (CIM), que nada mais é que a avaliação de impactos no escopo, tempo e custo (e outras variáveis cabíveis) sempre que o cliente solicitar uma alteração. Embora custoso, o CIM garante que as solicitações foram registradas, analisadas, que as **partes interessadas** foram consultadas a respeito e que o projeto foi replanejado adequadamente.

Tendo sido feitas as devidas alterações, e mesmo antes disso, cabe ao gerente de projetos "controlar o escopo", ou seja, verificar periodicamente se o que foi planejado está sendo cumprido, bem como avaliar se o planejado ainda atende às necessidades do cliente.

Por último, o gerente de projetos deve "verificar o escopo", ou seja, pegar o aceite final do cliente, considerando o plano original e as alterações aprovadas. Desse modo se garante que o cliente receberá o que esperava.

É importante ainda que sejam determinadas *ground rules* (regras básicas) no início do projeto, informando ao cliente que todas as alterações serão passíveis de avaliação e priorização, podendo ser reprovadas para sua própria proteção.

É claro que existem partes interessadas de todos os tipos, algumas mais resistentes, outras menos. Dependendo do tipo de cliente, poderá haver mais ou menos conflitos.

Exemplo

Otávio estava feliz por ter fechado um novo contrato de desenvolvimento de software. Depois de muito "namoro" com um cliente muito exigente, finalmente o contrato saíra.

Como de praxe, iniciou o projeto pelo levantamento de requisitos, mas o tempo era curto! Fez uma definição superficial de escopo e começou o desenvolvimento antes mesmo de assinar o contrato. Ao longo do projeto, seu cliente, que não tinha experiência naquele tipo de produto, lhe pediu várias pequenas alterações. A empresa era bastante conhecida e a associação de sua empresa àquela lhe parecia uma vantagem. Como o cliente era exigente e o caracterizava como um "fornecedor em fase de teste", tratou de aceitar as alterações e de entregá-las o mais rápido possível.

Acontece que, sempre que entregava alguma coisa, o cliente lhe pedia alterações. Ele se sentia frustrado com isso, pois o prazo do projeto era fixo e o escopo vinha mudando bastante, mas continuava tentando atender às solicitações, sempre fazendo concessões para ganhar a conta.

O projeto deveria durar três meses, pois haveria um lançamento na televisão, no entanto, com tantas alterações, mesmo virando noites a fio o melhor que conseguiu foi entregar com uma semana de atraso.

Toda a programação que o cliente fez teve que ser postergada e isso lhe causou desgaste de imagem, o que se refletiu em grande insatisfação com o trabalho prestado. No final das contas, Otávio precisou pedir mil desculpas e ainda conceder um belo desconto de 50%, o que não lhe garantiu a conta. O cliente foi perdido.

Capítulo 11
Vamos precisar refazer tudo!

Refazer as pirâmides por causa de uma pedra?

Situação

Uma das situações mais delicadas para o gerente de projetos é quando sua equipe reporta que será necessário jogar fora todo o trabalho feito e começar tudo de novo. Por que isso acontece? Quem arcará com os custos? Como evitar que ocorra novamente? De quem foi a culpa?

Calma, vamos por partes! Existem produtos e serviços que são arquitetados, ou seja, são construídos de forma específica e por isso devem ser protegidos de alterações até sua finalização. Imagine a peça do motor de um carro, preparada para suportar certo torque, se o projeto que a construiu precisar agora atender a um torque maior. Provavelmente a peça precisará ser refeita. Imagine ainda o palco de um show, preparado para atender a bandas de rock com cinco a dez integrantes, repentinamente precisar ser usado por uma orquestra. Será necessário adaptá-lo para aumentar a capacidade. Outro exemplo é um prédio cujo alicerce foi construído para suportar dez andares. Se precisar ser modificado ao longo da construção para suportar trinta andares, será necessário derrubar todos os andares já construídos para refazer o alicerce.

Ocorre ainda que, em determinadas áreas, como arquitetura e informática, as soluções são realmente customizadas e dependem da qualidade da identificação das necessidades para se determinar o escopo. Um projeto de banco de dados, por exemplo, só permite a extração de informações que estejam nele. Se, após alguns meses de uso, o usuário de um banco de dados precisar de mais informações, é possível que seja necessário adicioná-la ao banco e povoá-la com dados, um trabalho extremamente arriscado. Mas quando falamos de informática, existe sempre a possibilidade de se fazer um *backup*, o que não acontece num projeto de arquitetura. Uma vez definida a arquitetura de uma edificação, modificá-la (em tempo de execução) pode representar derrubar tudo para começar de novo – basta a necessidade de mudar uma viga ou uma coluna de posição, por exemplo.

Complicação

Complicado mesmo é quando o cliente não quer pagar pela alteração, pois os custos do retrabalho recaem sobre a empresa prestadora do serviço. Se a empresa não conseguir antecipar as necessidades de seus clientes, sobretudo as implícitas, muitos de seus projetos sofrerão esse tipo de problema.

Um projeto que precisa ser refeito, por natureza, atrasa e dá prejuízos. O atraso de um projeto faz com que a equipe executora permaneça nele por mais tempo, e isso inviabiliza o início de novos projetos. Se o retrabalho ocorrer de forma não remunerada, por erro da empresa prestadora de serviços, ela tenderá à falência. Imagine que um projeto de R$ 100.000 deixou um prejuízo de R$ 80.000 ao final – suportável, não é? Agora imagine que dez projetos deixaram R$ 80.000 de prejuízo cada um, totalizando R$ 800.000, dinheiro suficiente para impactar a lucratividade de qualquer empresa.

Outro ponto impactante é a rotatividade, que, na área de projetos, é diretamente influenciada pela sensação de capacidade dos profissionais em realizar seus trabalhos. Se um profissional perceber que, por falta de administração adequada, não consegue finalizar de forma bem-sucedida seus projetos, possivelmente irá deixar a empresa, até porque provavelmente o ambiente de trabalho deve ser um "Deus nos acuda", e ninguém quer se juntar aos "perdedores".

Isso ocorre por dois motivos: primeiro, porque a empresa irá julgar os profissionais "incapazes" indignos de seus salários e irá pressioná-los constantemente por isso. Segundo, porque, de acordo com a Teoria das Expectativas de Victor Vroom [23], a motivação segue a fórmula:

$$M = V \times I \times E$$

Ou seja, a (M)otivação é o fator entre: (V)alência, que é o valor que o profissional atribui ao resultado; (I)nstrumentalidade, que é a percepção de que o alcance daquele resultado levará a uma compensação e (E)xpectância, que é a probabilidade de alcançar o resultado. Com isso pode-se entender por que a rotatividade tende a ser mais alta em ambientes "caóticos": porque as pessoas não veem mais a instrumentalidade e a expectância. Se os resultados não levarão a nenhuma compensação ou tem pouquíssimas chances de ser obtido, é melhor trocar de emprego.

O problema é que quanto mais profissionais saem da empresa menos a empresa aprende. Não podemos nos esquecer que são as pessoas – clientes, fornecedores e funcionários – que fazem uma empresa existir. Quanto mais gente deixar a empresa, maiores as chances de fracasso nos próximos projetos.

Como interromper esse ciclo vicioso?

Primeiro é preciso entender a natureza do ciclo de vida dos projetos em que atua. Observe o quadro abaixo, um resumo da Teoria da Complexidade, que nos mostra quanto um projeto pode ser variável e quanto deve estar preparado para mudanças drásticas.

	Definido	Indefinido
Conhecido	1	2
Desconhecido	3	4

Quanto maior a numeração, mais a gestão tende ao caos. E, no caos, o melhor método de gestão é o empirismo, a capacidade de adaptação e de trabalho conjunto. Apenas nos níveis 1 e 2 faz sentido trabalhar desenvolvendo um plano detalhado, nos demais é preciso preparar-se para mudanças, maiores ou menores.

Mesmo que o objeto do projeto seja desconhecido, é preciso desenhar a *big picture*, ou seja, ter visão completa da arquitetura antes de começar a desenvolver o produto. Especificamente nesses casos, é melhor definir contratos incrementais, em que as fases finalizadas dão argumentos para as seguintes, quebrar em entregas realizáveis e não precificar o projeto inteiro sem ter base para calculá-lo. O risco é dividido entre cliente e fornecedor, atenuando os potenciais prejuízos com mudanças.

Se o projeto é desconhecido, mas pode ser definido, pode-se utilizar um contrato baseado em horas de trabalho para definir o escopo antes de precificar. E apenas quando o projeto for conhecido e estiver definido é possível, finalmente, determinar um preço.

Seja como for, de todas as ferramentas disponíveis no Guia PMBOK®, a mais eficaz é o gerenciamento das **partes interessadas**. Nada mais poderoso que manter o cliente próximo ao projeto, desenvolvendo a solução em conjunto e explicitando os pormenores técnicos.

Ocorre que a grande maioria dos clientes, principalmente na área tecnológica, pouco se importa em aprender a tecnologia utilizada – afinal, se a conhecesse, faria ele mesmo o produto. Por isso, a negociação contratual tende a se tornar tensa.

Atualmente vejo muitos contratos de grandíssimo porte sendo negociados com preços fechados – por exemplo, a implantação de um Sistema de Gestão Empresarial, que muitas vezes envolve informações desconhecidas do cliente. Esses contratos, por fracassos passados do cliente, são submetidos a processos de concorrência, onde se analisam apenas os preços, deixando o risco aparentemente nas mãos do fornecedor. O prejuízo, no final, é dos dois.

Cabe ainda o estabelecimento de premissas, que são considerações sobre o projeto; em outras palavras, coisas consideradas disponíveis para executar um trabalho. As premissas atenuam o risco, permitindo ao fornecedor resguardar-se de certas situações, mas até para escrevê-las é preciso experiência no tipo específico de projeto. Por isso é tão importante manter a equipe (ou o conhecimento) na empresa, para que as experiências possam ser compartilhadas e refletidas em propostas e contratos.

Se o escopo do projeto estiver fechado no modelo mais adequado de acordo com a Teoria da Complexidade, é possível controlar mudanças nos moldes abordados no Capítulo 10.

Exemplo

Afonso era diretor de desenvolvimento de produtos e sofria muitas pressões para entregar propostas e projetos rapidamente. Por vezes ele sequer tinha condições de levantar o escopo dos projetos antes de precificá-los e com frequência recebia a notícia de que uma mudança simples causaria a necessidade de refazer um projeto inteiro.

Nos primeiros projetos ele teve paciência com a equipe e arcou com os custos de retrabalho, aqueles cuja "culpa" lhe parecia ser da sua equipe. Isso acontecia porque seu cliente não entendia nada do produto que comprava e nem queria entender, seu interesse residia apenas no uso, sem complicações ou problemas.

Depois de alguns anos, já cansado, Afonso passou a demitir gerentes que causavam prejuízos em seus projetos. Também passou a demitir os analistas que levantavam e precificavam os projetos de forma errônea. Ele não percebia que, junto com as pessoas, iam embora todos os conhecimentos dos erros do passado e seguia demitindo. Os erros, no entanto, aconteciam novamente com as equipes novas. Ele já não sabia o que fazer.

Quando um projeto era vendido ele estremecia, não apenas porque o anterior estava atrasado, tinha sido refeito e dado prejuízo, mas porque ele tinha certeza de que o próximo projeto também teria problemas.

Afonso contratou as melhores consultorias para ajudá-lo e gastou muito dinheiro com isso. Por fim, acabou preferindo seguir a velha regra: manter na equipe pessoas que entendiam do produto mais que o cliente. Por mais estranho que possa parecer, funcionou.

Capítulo 12
Terminei, mas ainda falta pôr em produção!

Minha parte eu já terminei, se não tem energia a culpa é do pessoal infraestrutura!

Situação

Muitos gerentes de projetos fracassam por simples falha de comunicação. A entrega está pronta mesmo? Os executores, por sua vez, têm dificuldades em responder sobre a conclusão de um pacote de trabalho. Se terminei minha parte, o trabalho está pronto? Quando posso marcar 100% de conclusão?

O fato é que um executor terminar sua parte não significa que todo o trabalho tenha sido terminado. Da mesma forma que terminar todos os pacotes de trabalho de uma entrega não significa que a entrega foi realmente concluída, pois podem faltar testes, ajustes, garantias etc. Um projeto só é concluído quando todas as etapas foram realizadas, incluindo o Termo de Aceite do cliente.

Mas nem todos os projetos são tão simples assim. Como vimos no Capítulo 11, há projetos com diversos tipos de complexidade, e a matemática do "pronto" ou não pode se complicar. Como lidar, por exemplo, com projetos de produtos desenvolvidos por diversas empresas simultaneamente? Se minha empresa terminar uma das cem peças que compõem um produto, ela terminou ou não o seu trabalho? A resposta é: depende. Ela terminou se o seu escopo de trabalho for apenas aquele. Assim, pode-se dizer que o subprojeto da "peça 1" foi finalizado, mas o projeto como um todo, ainda não.

Complicação

Esse mesmo cenário tem ocorrido na indústria, em serviços e comércio: a dificuldade para definir quando um trabalho está pronto. Por exemplo, imagine que você quer alugar um apartamento e procura uma imobiliária. Ela define um corretor para ajudá-lo até que encontre um imóvel. Assim que você se decidir, o trabalho do corretor está finalizado, mas ainda falta a entrega da documentação.

Quando entregá-la, o trabalho do gerente de contratos começa, passa pela aprovação do jurídico, do departamento de crédito e retorna para você assinar. O vistoriador entra em ação avaliando o imóvel e lhe entrega as chaves. Para cada um desses atores o trabalho terminou quando sua parte foi finalizada, mas para você só termina quando finalmente puder fazer sua mudança. É assim que os clientes esperam que nós, gerentes de projetos, atuemos?

Na verdade, os clientes esperam que acompanhemos os projetos até o final, ainda que seja apenas uma peça do produto. Não esperam que ajamos como algumas imobiliárias, que deixam para o cliente o trabalho de gerenciar seu próprio processo, enquanto cada um gerencia seu umbigo.

Se cada recurso humano do projeto entender que a finalização de sua parte significa o fim do trabalho não haverá integração. Muitas informações podem se perder e você, como gestor, descobrirá no final que ainda há trabalho a ser feito. Será que a opinião do cliente foi sequer consultada?

A situação se agrava se não houver processos e se o gerente de projetos não for especialista na área técnica em que está atuando, o que é muito comum de acontecer. Não quero dizer com isso que devemos promover especialistas técnicos a gerentes, muito pelo contrário. Sabe-se, pelo Efeito Halo, que ser um bom técnico não significa ser um bom gerente, as habilidades são completamente diferentes. O que quero enfatizar é que o processo técnico deve ser bem definido e que cada especialista deve ser responsável (*accountable*) pelo resultado de seu trabalho.

É como dizemos no jargão de projetos: o especialista tem que passar a "bola redonda" para o próximo na cadeia processual e, se houver pendências de uma parte anterior, cabe ao próximo especialista "levantar a bandeira". Se não pudermos contar com o comprometimento das equipes na realização dos projetos é impossível obter êxito.

Como resolver esse impasse?

Nestas situações, o gerente de projetos precisa buscar ajuda para definir claramente quais as fases ou estados compõem o processo por inteiro, qual a sequência entre eles e quais os critérios para troca de estado. Sim, um processo nada mais é que um conjunto de atividades ou uma máquina de estados. Não é preciso ter profundas bases matemáticas e nem ferramentas sofisticadas para fazer essa definição, como vemos no exemplo a seguir:

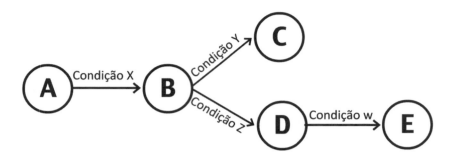

Nesse modelo, o projeto só passa do estado A para o B se atender à condição X. Isso quer dizer, por exemplo, que a parede de um cômodo só será pintada se a alvenaria e o emboço estiverem finalizados (executados e atestados pelo mestre de obras). Cabe ao pedreiro completar seu trabalho e cabe o pintor avaliar se o trabalho está pronto antes de começar, cada um responsável pela sua parte.

Conseguimos notar claramente a necessidade da definição de "critérios de aceite" (mais popularmente conhecidos como "conceito de pronto"). É preciso definir para cada entrega quando ela será considerada finalizada de fato.

Neste segundo modelo a visão é macro – é possível ver as fases de uma proposta, por exemplo. A proposta é escrita (especificada), revisada, aprovada, sua viabilidade é analisada e só então pode ser aceita pelo cliente. Definindo claramente as fases do projeto/trabalho e fazendo avaliações na passagem de fases, os chamados *gates* (em português, portões), consegue-se também garantir certo grau de integração.

Após haver definido os estados para os pontos críticos do projeto, é hora de "divulgar" a máquina de estados a todos os envolvidos. Essa é a parte mais complicada, pois geralmente é difícil obter a concordância de todos e também é difícil que todos entendam o que o autor (da máquina de estados) quis dizer com cada um deles. Para evitar esse tipo de problema, recomenda-se fazer um "manual" especificando cada estado com: descrição, condições de troca e exemplos de aplicação. É conveniente ainda envolver as pessoas na definição dos estados – isso garante o comprometimento com o que foi definido, até porque raramente os projetos são iguais.

Pronto, agora estamos aptos a reduzir a condição de dúvida sobre as entregas.

Exemplo

Celso era gerente de projetos da área de infraestrutura de TI havia dois meses. Ele tinha especialidade em outra área e, sinceramente, não sabia nada sobre infraestrutura. Ainda assim, agarrou a oportunidade com unhas e dentes, pois queria fazer jus à promoção. Em seu primeiro projeto pegou uma situação complicada: a empresa havia passado por uma fusão, estava sem processos definidos e a equipe estava com medo de ser demitida. Muitas coisas estavam acontecendo naquele ambiente e Celso precisava controlar os ânimos.

Para complicar sua situação, ele trabalhava numa empresa matricial forte, aquela em que os recursos humanos pertencem às áreas funcionais e são emprestados aos projetos. No entanto, como nada na sua vida estava fácil, os recursos emprestados estavam compartilhados não apenas entre vários projetos, mas também com a operação da empresa, mantendo a infraestrutura de mais de cinquenta clientes diferentes.

Na sua reunião de *kickoff* faltaram várias pessoas, principalmente "os cabeças". Seu projeto não parecia ter prioridade alguma para os gestores funcionais (e não tinha). Ele remarcou por três vezes, sem sucesso. Celso tentou se apoiar no analista de solução, a pessoa que havia desenhado o projeto, mas ele, embora tivesse razoável boa vontade, também não tinha tempo.

O projeto começou a ser executado com um planejamento macro, sem muitos detalhes. Celso iniciou o processo de compras dos equipamentos necessários; vários servidores substituiriam os antigos, já sucateados. Ao comprar, descobriu que a partir de certo valor seria necessária uma autorização do *global procurement* e isso lhe tomou quarenta dias, embora estivesse previsto gastar somente dez no projeto. Ele persistiu, insistiu com os técnicos um a um, tentou fazer amizades e até foi almoçar com eles para tentar conseguir o que chamamos de "prio-amizade", que é a prioridade pela amizade, já que não tinha poder, processos e nem compromisso da equipe.

Ao receber seus equipamentos, quase três meses depois, Celso correu para acelerar sua instalação, para finalmente começar a substituição dos servidores, mas descobriu que havia "esquecido" de comprar cabos de redes para ligá-los. Ele não havia esquecido de fato, ele achava que os técnicos o alertariam disso, já que era o trabalho deles.

Muitos outros pormenores ocorreram e várias coisas foram descobertas ao longo do caminho, mas finalmente Celso conseguiu finalizar o projeto sem prejuízo, apenas com um atraso de três meses, o que ele habilmente negociou com seu cliente. Ao final, Celso foi demitido porque não tinha brilho nos olhos. Como teria, com tantos problemas? Lamentável.

Capítulo 13
Temos que "encantar" o cliente!

Você está cansado, suas pálpebras estão pesadas...
Seu projeto está maravilhoso... As entregas estão perfeitas...
Vou contar de 1 a 3 e você vai acordar... bem devagar

Situação

Claro que o maior objetivo de uma empresa nos dias atuais é "encantar" o cliente, mas essa frase traz consigo uma série de potenciais problemas que afetam a lucratividade do projeto e a produtividade das equipes.

> **En.can.tar.** v.t. Exercer suposta influência mágica. / Seduzir; cativar; fascinar: encantar serpentes. / Agradar extremamente. / Provocar irresistível admiração: encantar um auditório. / Causar satisfação; agradar profundamente: estou encantado com o encontro.

Observemos o significado da palavra "encantar". Não tem absolutamente nada a ver com "surpreender", que é o senso comum na área de projetos. Encantar é provocar admiração, agradar. Não é entregar mais do que foi planejado, mas atender bem, evitar surpresas desagradáveis como atrasos, falta de qualidade ou cobranças indesejadas.

Tenho visto há muitos anos gerentes de projetos adicionando custosas "perfumarias" nos produtos que fazem, em vez de simplesmente cumprir o que foi prometido. São compensações menores que não sobrepõem os erros cometidos no passado. Não é uma bala de menta entregue pelo garçom que compensará uma comida ruim e um atendimento desagradável, é pelo cerne do serviço que avaliamos o jantar.

O nome que se dá ao trabalho extra em projetos, geralmente não remunerado, é *gold plating* (folheado a ouro) [23]. Essa prática é considerada um erro pelo PMI e pode causar impactos negativos na percepção do cliente, pois frequentemente vem associada a atrasos, seja porque o *gold plating* foi realizado para compensar um problema ou porque ele próprio causou um atraso.

Complicação

Muitas empresas, no intuito de fechar uma venda, gastam centenas de milhares de reais para encantar o cliente, quando muitas vezes o cliente esperava apenas o atendimento de sua necessidade. São apresentações, palestras, almoços e jantares para conquistar um cliente que queria apenas um produto em suas mãos.

Claro que há clientes que se aproveitam dessa boa vontade para solicitar mais e mais coisas antes de fechar negócio. É como exemplificado no livro "As armas da persuasão" [4]: se um vendedor lhe oferecer brindes para gerar a sensação de "dívida emocional", não se sinta endividado, aproveite!

Mas quando o objeto do projeto deixa de ser prioridade e os detalhes não remunerados tomam mais atenção da equipe, temos um problema. Existem gerentes de projeto que se deixam levar e fazem alterações no produto sem seguir o Controle Integrado de Mudanças, o que pode causar impactos tão grandes quanto os abordados no Capítulo 11. Se o gerente de projetos sozinho decidir arcar com "pequenos agrados" ao cliente, o ônus será da empresa e não dele. Como funcionário, cabe-lhe apenas a demissão.

O gerente de projetos deve ater-se à Tríplice Restrição (Capítulo 2). Dessa forma entregará o que foi pedido e encantará seu cliente com um serviço finalizado dentro do que foi pedido. Para diminuir o tempo de um projeto, haverá aumento de custos ou redução de qualidade. Para reduzir custos, haverá aumento do tempo ou redução da qualidade. Para aumentar a qualidade, haverá aumento de custos ou de tempo.

Como encantar o cliente sem incorrer em demandas não remuneradas?

Se você deseja criar o que se chama no marketing de "momentos mágicos" [16], planeje-se. Entregar um serviço bem feito é muito melhor que entregar embalagens bonitas. Antecipar a entrega, oferecer um desconto porque não foi necessário fazer algo, dar um bônus de fidelidade. Nada disso requer adição de escopo à linha de base, o projeto continua o mesmo. É a forma como o serviço é entregue, não o conteúdo dele.

Quando vamos a um restaurante e somos bem atendidos, o que avaliamos? A cordialidade dos atendentes, o ambiente, as opções do cardápio, a carta de vinhos, o tempo de espera para a refeição, o serviço de manobristas etc. Em nenhum momento nessa avaliação mandamos mudar o cardápio – simplesmente aceitamos o que nos oferecem e "gostamos" ou não. Por que na área de projetos o cliente deveria escolher o que quiser se muitas vezes, ao final, pode criar impactos a si mesmo e acabar por reprovar o resultado do projeto?

Gerenciar a lealdade do cliente [16] não inclui fazer tudo que ele quiser, mas atendê-lo bem, oferecer-lhe a sensação de satisfação e a vontade de retornar. Esses são os princípios básicos da gestão da lealdade dos clientes, que podem ser divididos da seguinte forma:

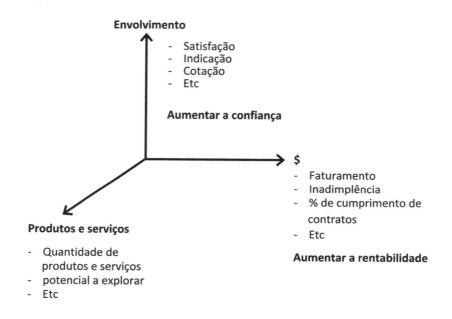

- **Comprometimento** – Avalia o quanto o cliente está satisfeito e recomenda os serviços da sua empresa.

- **Profundidade de envolvimento** – Avalia o quanto o cliente está comprometido com a sua empresa, através de métricas como: quantidade de produtos e serviços contratos, quantidade de famílias de produtos contratadas, contratos de manutenção etc.

- **Comportamento desejado** – Observa métricas como rentabilidade do contrato, pontualidade/inadimplência e tempo decorrido do cumprimento do contrato.

Desse modo, devemos avaliar que, como gerentes de projetos, o eixo que nos cabe diretamente é o de **Envolvimento**. Trabalhar para entregar produtos e serviços de modo a gerar confiança no cliente significa entregar o que foi acordado (escopo), no tempo e com os custos combinados.

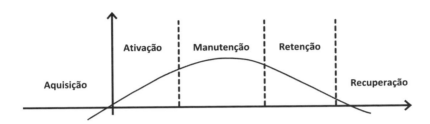

Embora o ciclo de clientes tenha início, meio e fim, cabe ao gerente de projetos explorar apenas as fases de **Manutenção** para garantir a retenção e a **Recuperação**, através da entrega de produtos e serviços com melhor percepção de entrega. A **Aquisição** de novos clientes e a **Ativação** são processos da área comercial, que possui treinamentos e orçamento específicos para executá-los.

Exemplo

Alexandre era gerente de uma *startup* e almejava conquistar novos clientes. Ele possuía apenas um produto, semipronto, que desejava comercializar; praticamente um protótipo. Como ele era muito bom de oratória, conseguiu convencer um cliente a comprar o produto, organizou um orçamento e logo fechou seu primeiro contrato. Sucesso!

Na implantação do produto, o cliente começou a pedir pequenas customizações e Alexandre prontamente lhe atendia. O cliente, no entanto, começou a pedir mais e mais alterações. Alexandre "se contorcia", mas não tinha o que fazer senão aceitar.

O tempo foi passando e Alexandre mergulhou no projeto para entregá-lo. Sempre que havia reuniões de entrega o cliente pedia alterações. Alexandre não entendia como era possível, mas em algumas reuniões o cliente começou a expressar insatisfação. Como poderia estar insatisfeito se tudo que lhe pediam era feito?

Tempos depois, Alexandre soube que, na percepção do cliente, o projeto estava atrasado e não funcionava. Ele sabia que o produto que vendera era muito mais simples que a solução implantada e também sabia que não havia cobrado nenhuma das alterações realizadas.

Ao final do primeiro projeto Alexandre fez uma apuração e descobriu que havia custado três vezes mais do que ele havia cobrado. Ele entendeu que, por direito, deveria cobrar em próximos contratos. Ele comprou presentes, pagou almoços, atendeu clientes de madrugada, mas durante a negociação o cliente o tratava com desconfiança, pois já não acreditava na sua capacidade de entrega. Alexandre nunca chegou a receber aquele valor e a empresa acabou fechando e virando só mais uma na estatística de falências.

Capítulo 14
O comercial vende até a mãe!

Desculpe, mas precisamos faturar, é para o bem da firma!

Situação

Um dos conflitos mais recorrentes do gerente de projetos é com a área comercial. Essa área, que é o combustível do negócio, tem a missão de obter novos clientes e projetos para viabilizar a continuidade da empresa, mas muitas vezes acaba vendendo projetos inviáveis e que podem gerar mais prejuízos que lucros ao negócio.

Há quem diga que o comercial só pensa em alcançar suas metas de vendas e que pouco se importa com a entrega do projeto – isso explicaria a apresentação de propostas técnicas incompletas e preços mais baixos que os custos. Como dizem, o comercial vende até a mãe e o gerente de projetos é que tem que entregar a sua. Mas será que o comercial é realmente esse bicho-papão?

Complicação

Um projeto vendido com preços abaixo do custo, seja qual for o motivo, incorrerá em prejuízos – e, como já abordamos nesta obra, prejuízos recorrentes levam a empresa à falência. Mas por que certos projetos são vendidos tão erroneamente?

O primeiro grande agravante é a falta de tipificação dos projetos. Sua empresa vende projetos de qualquer coisa? Acredite, há empresas que vendem!

O segundo é não ser especialista em nada. Assim como o gerente de projetos inexperiente costuma cair em todas as cascas de banana que encontra pelo caminho, empresas aventureiras também. Será que seu cliente está disposto a bancar o seu aprendizado? É o velho ciclo da empresa que quer entrar no mercado, cobra pouco na proposta e não entrega nada. Faz o cliente descobrir o porquê do ditado "o barato sai caro".

Terceiro: premissas erradas. Se a área técnica não souber dizer ao comercial o que levar em consideração na elaboração da proposta, ela própria não irá descobrir, já que não participa da execução dos projetos. Por exemplo, há projetos em que não é possível colocar mais gente para acelerar a produção, é o que chamamos no jargão de projetos como: "nove mulheres não fazem um filho em

Capítulo 14 – O comercial vende até a mãe! **81**

um mês". Também não há como o comercial saber que é preciso contratar um especialista técnico que só existe numa aldeia distante da China. Tampouco é possível que ele saiba calcular a curva de aprendizagem de uma nova tecnologia. Essas informações precisam ser salientadas pelo líder técnico.

Por último, as métricas. Se sua empresa não tipificar os projetos, não for especialista em nada e não souber que premissas adicionar a uma proposta técnica, certamente não possuirá métricas também. Métricas são coletadas ao longo do tempo, durante vários projetos similares, e geram números de referência, chamados de parâmetros no Guia PMBOK®, que permitem ao comercial ignorar pormenores técnicos, trabalhando com a base histórica. Não se desespere, explico a seguir.

Como evitar que o comercial venda nossa paz?

Simples e claro como a água: tipifique, especialize-se, conheça os pormenores do serviço e gere métricas!

Tipificar é definir com que tipos de projeto a empresa trabalha. Por exemplo: "faço projetos de arquitetura para residências de alto padrão, com metragem superior a 300m²", ou ainda: "faço projetos de móveis modulados em MDF para empresas e pessoas físicas". Nenhum restaurante seria capaz de produzir "qualquer" tipo de comida, pois não conseguiria comprar os insumos para uma produção tão vasta e nem manter em seu quadro profissional capaz de produzi-las.

Um bom cardápio possui "variedade inteligente", que é um conjunto de itens que pode ser construído com os mesmos insumos, pelos mesmos profissionais. Se a empresa espera que o profissional de vendas tenha um bom desempenho, deve definir seu "cardápio", suas categorias e sua política de preço. A mesma regra se aplica aos projetos: não se pode fazer qualquer tipo de projeto, mas apenas alguns tipos, observando-se quais insumos e profissionais irá manter na empresa. Desse modo, os profissionais de vendas conseguirão fechar negócios lucrativos.

Sabendo os tipos de projeto com que trabalhamos podemos nos especializar, contratar pessoas capazes, na quantidade adequada e treiná-las para atender aos inúmeros tipos de projetos que comercializaremos. Não deixe ao comercial a definição do seu portfólio – isso depende muito mais do gerente de operações que do gerente de marketing. Em seguida, instrua o comercial sobre cada produto/serviço que comercializará.

Conheça os pormenores, defina uma lista padrão de premissas a observar, faça *checklists*, oriente e acompanhe cada negociação comercial de perto, escreva as propostas técnicas.

E, por último, gere métricas! É importante que cada projeto tenha uma medição de tamanho, se isso for possível na sua área de trabalho, como: metro quadrado, *headcount*, número de pontos de rede, pontos de função etc. Seja qual for a métrica escolhida, alimente um banco de dados (ou um arquivo Excel) com a relação entre custos e a métrica. Isso permitirá ao seu comercial definir preços a partir do histórico, vai diminuir o tempo de negociação de propostas e vai reduzir o *overhead* sobre o líder técnico.

Por último, mas não em último, deve-se observar o **alinhamento estratégico**. Toda empresa deve definir aonde espera chegar, pois é a partir daí que as ações táticas serão desdobradas, dentre elas: serviços a oferecer para o mercado, política de preço, política de gestão de recursos humanos (que tipos de profissional contratar e como geri-los). O alinhamento estratégico é pauta obrigatória e todo projeto deve fazer essa análise antes de iniciar.

Exemplo

A empresa "FTC Sistemas" vendeu um grande projeto de *outsourcing* de TI. No escopo do projeto havia a migração da gestão de cem servidores e mil *laptops* (máquinas comuns de usuário). Como em todo projeto de *outsourcing*, a FTC não possuía a visão detalhada da infraestrutura do cliente e teve que assumir alguns riscos; afinal, o projeto foi proveniente de uma concorrência e a escolha se deu pelo menor preço.

Ao longo do projeto, a FTC descobriu que havia sérios problemas de redes, que os acessos à internet das filiais eram precários e que, dos cem servidores, oitenta estavam com *patches* de segurança desatualizados. Os mil *laptops* que deveriam receber uma nova configuração de Windows eram utilizados em diversas cidades e muitos usuários levavam os computadores para casa. Para instalar o

Windows, também perceberam que, com a infraestrutura de redes disponível, haveria uma demora significativa. O que fazer?

A empresa tentou renegociar o contrato, mas o cliente foi bastante resistente. Além de não aceitar a renegociação, assinalou que multaria a empresa por atrasos. A FTC ficou em maus lençóis...

Quando os primeiros cinquenta servidores foram entregues, a FTC comemorou o primeiro marco do projeto, um sucesso. A gestão desses foi passada para a área de operações, para que os demais fossem concluídos com a equipe do projeto. Os técnicos de operação não foram devidamente treinados e não havia uma política clara para inclusão de novos servidores.

Conforme o cliente solicitava novos servidores ao projeto, por necessidade de negócio, sua criação era repassada pelo gerente de projetos para a área operacional. Essa área deveria fazer a construção, aplicação de políticas e posterior cobrança, mas os técnicos não sabiam de tudo isso. Meses depois se descobriu numa auditoria que mais de dez servidores haviam sido criados e não estavam sendo cobrados, nem monitorados e nem "backupeados" já havia seis meses. Se avisassem ao cliente, ele os multaria pelo serviço incompleto; se não avisassem, continuariam sem receber pelo trabalho realizado. Que sinuca de bico!

A grande pergunta é: por que isso tudo aconteceu? Será que todos os envolvidos eram simplesmente incompetentes? Os gestores não viram nada disso? A área financeira não deu falta do dinheiro envolvido? A resposta é não.

Para participar de uma proposta, ou seja, para estimar um projeto, é preciso guardar métricas, mas as métricas nem sempre são triviais. Um servidor, por exemplo, pode ter diferentes preços dependendo dos "opcionais" que possui. O preço varia conforme o sistema operacional, *backup*, *storage*, redes e que monitoramentos seriam feitos. Como mensurar isso tudo em tempo de proposta para dar um preço justo ao projeto? É preciso fazer uma **análise de viabilidade**, o que pode levar à conclusão de que nem sempre o projeto é exequível ou compatível com o custo. Esse é um dos pontos para o qual o mercado costuma fechar os olhos e as consequências são ruins para todos.

Capítulo 15
Santo de casa não faz milagre...

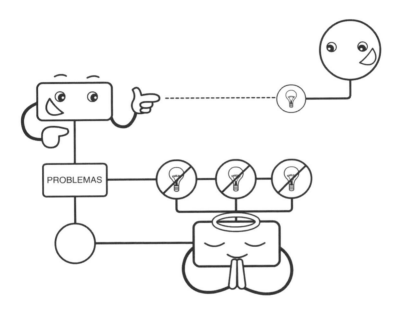

Ahá! aqui na empresa ninguém sabe nada, mas tive uma ideia genial: Trazer um consultor pra dizer o que fazer.

Situação

Esta é mais uma idiossincrasia das empresas [28], não só no Brasil, mas em todo o mundo. Damos sempre mais valor ao conselho que vem de fora do que às soluções desenvolvidas em casa. Claro que há situações em que as empresas precisam de um choque de novidades e nesse caso vale a pena trazer alguém de fora, mas muitas vezes os consultores externos são contratados apenas para fazer um compilado de sugestões dos próprios funcionários, apresentando no final o que todos já sabiam. Quando é preciso conhecer técnicas ou ter experiências específicas vale a pena trazer um consultor. Mas será que todas as ideias dos funcionários já foram ouvidas o suficiente?

Se a grande maioria das ideias já está na mente dos funcionários, por que não valorizamos a "prata da casa" e em vez disso preferimos chamar um "santo de fora" para fazer o milagre?

Complicação

Arquétipos são idealizações do ser humano ou figuras do inconsciente coletivo às quais associamos uma série de princípios [12]. Imagine, por exemplo, um senhor de idade com barba e cabelos brancos e terá um sábio [8]. Imagine uma moça jovem e bonita com aparência virginal e terá uma donzela. Imagine um rapaz com trejeitos desajeitados e óculos "fundo de garrafa" e terá um *nerd*. Em outras palavras, é como se criássemos rótulos e tratássemos de classificar as pessoas o mais rápido possível quando as conhecemos. Esse processo leva frações de segundos.

O problema é que os rótulos às vezes enganam. O senhor idoso pode não ter boa índole, a moça pode ser uma ladra, o rapaz desajeitado pode ser milionário. Não temos como saber! Pior ainda é quando pessoas que conhecem o funcionamento de nossas mentes conseguem construir arquétipos para nos "manipular", no bom ou no mau sentido. Quando isso acontece temos os chamados "charlatões", que se vestem, falam e agem como se fossem uma coisa que na verdade não são.

Outro fator importante é o efeito Halo criado por Thorndike [31]. Ele nos ensina que temos a tendência de generalizar as avaliações que fazemos das pessoas, tomando como base apenas um item de observação. Por exemplo: pensamos que um bom pedreiro será um ótimo mestre de obras ou que um bom gerente será um ótimo diretor. Também no lado pessoal, imaginamos que pessoas extrovertidas serão boas comunicadoras ou que pessoas sérias serão mais responsáveis. Esses julgamentos são geralmente equivocados, pois conforme prega a escola *gestalt* da psicologia, a percepção de partes não completa o todo.

Desse modo, um bom pedreiro pode ser um péssimo mestre de obras, pois prefere trabalhar sozinho em seu ofício em vez de coordenar os outros. Uma pessoa extrovertida pode preferir ater-se a temas do dia a dia, em vez de assumir a responsabilidade formal pelas relações públicas de uma empresa. Para fazer avaliações das pessoas devemos primeiro ter em mente que tarefas esperamos que elas executem e depois contratar psicólogos, sempre que possível, para fazer avaliações mais precisas.

As projeções são reflexos de nós mesmos nos outros e os maiores prejudicadores do julgamento que fazemos de pessoas com quem convivemos [9]. Grosso modo, projetar é transferir aos outros os defeitos que temos e não queremos ver. Imagine o quanto nos irritamos se vemos nos outros o que "odiamos" em nós mesmos. Desse modo, se uma pessoa é indecisa, irá se irritar profundamente com qualquer indício desse comportamento que perceber no outro, mesmo que o outro esteja apenas passando por um período ruim. E, seguindo o efeito Halo, reprovaremos completamente o outro para qualquer outra coisa, a partir dessa percepção.

É importante observar que as projeções nem sempre são verdadeiras, pois são apenas percepções unilaterais. Julgamos o mundo através de nossos próprios valores. É isso que diferencia opiniões sobre a condição de um sem-teto: um vai achar que é preguiçoso, outro vai achar que não teve oportunidade e outro, mais empático, vai achar que ele teve uma dificuldade que lhe tirou o controle da vida.

Com isso, pode-se concluir que todo tipo de projeção é perigosa, embora seja inevitável, e que é por isso que preferimos ouvir pessoas de fora, nas quais ainda não projetamos nossos defeitos, a escutar pessoas "de casa", sobre quem já formamos uma opinião, seja ela equivocada ou não. É como as "travas" colocadas nos olhos de cavalos – evitam que vejam o que inevitavelmente está ao seu redor, apenas para manter-lhes calmos.

Como permitir ao santo de casa fazer milagres?

A grama do vizinho é sempre mais verde, pois olhamos apenas de relance e não sabemos o trabalho que dá. Se cuidássemos melhor do nosso próprio jardim, certamente seria tão verde quanto. É fácil olhar para seu colega de trabalho e achar defeitos; ninguém é perfeito e certamente sua visão está cheia de projeções, assim como é fácil olhar para uma pessoa na rua com quem tivemos pouco convívio e ver apenas coisas boas porque ela foi gentil conosco.

Existem muitas empresas que aproveitam a "prata da casa" através de ciclos de melhoria contínua (exemplo: Kaizen). Através disso logram, além de melhorias em seus processos e coleta da perspectiva do funcionário, resultados na motivação e no comprometimento da equipe. Esse tipo de prática é comum desde os anos 50 e vem funcionando em indústrias desde então. Muitos funcionários foram premiados através da eleição de melhores ideias, e certamente muitos milhares de dólares foram otimizados através da melhoria dos processos.

Valorize a prata da casa. Nem sempre é preciso trazer pessoas externas para resolver seus problemas. Avalie se tem condições de fazer e busque consultoria apenas para orientação. Assim, além de obter resultados mais contextualizados, motivará seus funcionários e melhorará o engajamento da equipe.

Exemplo

William era um dos melhores consultores de gestão de projetos do mercado. Desenrolava situações crônicas nas empresas por onde passava e era conhecido como "ninja dos projetos". Certa vez, ao fazer um projeto de consultoria, foi convidado a participar do quadro de uma empresa como diretor de operações. A proposta era muito boa e William aceitou.

Ao iniciar as atividades, começou a organizar a casa. A empresa não tinha nenhum processo definido e vários projetos problemáticos, e foi por aí que William começou seus trabalhos. Revisou cada contrato, visitou cada cliente, renegociou prazos e custos. Os projetos pareciam em ordem.

William prontamente alocou a equipe para ajudar a definir políticas, processos, procedimentos e modelos de documentos que ajudariam a manter as coisas em ordem. Todos foram treinados e a equipe ficou muito empolgada com as melhorias e a mudança de clima na empresa, que antes era de "caça às bruxas".

William começou a ser envolvido nas negociações comerciais, na tentativa de evitar novos problemas de concepção nos projetos, e foi aí que seu pesadelo começou. Ao organizar a casa, percebeu que certos aspectos da política organizacional precisavam mudar: a empresa não cobrava por mudanças nos projetos, terceirizava atividades do *core business*, fazia projetos com baixíssimo valor agregado, o que consumia os poucos recursos técnicos que possuía.

Ele reportou a seu superior, que antes era seu cliente de consultoria, os aspectos que deveriam ser suportados por ele. De início, seu superior apoiou as mudanças, mas no dia a dia continuava a manter comportamentos nocivos ao negócio, como os já citados. William continuou reportando pacientemente os impactos daquelas decisões, recomendou algumas demissões e novas contratações, acreditando que fazendo a coisa certa levaria a empresa ao sucesso.

O que ele não contava é que, ao expor os problemas em seus relatórios, feriria o ego de seu superior, embora os apresentasse somente a ele. Seu chefe passou a lhe pedir mais e mais detalhes sobre os problemas, detalhes que William não conseguia prover, por falta de dados estatísticos ou por falta de tempo. Seu superior começou então a colocar a competência de William em xeque, como muitas empresas fazem, jogando sobre o profissional os problemas organizacionais. Ao perceber que suas recomendações não eram mais bem-vindas, William procurou outro emprego e partiu.

Capítulo 16
Na hora H, os recursos não estão disponíveis!

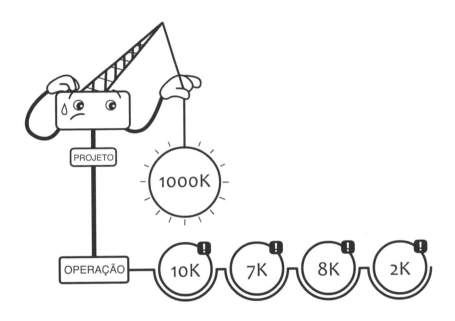

Projetos vêm e vão, mas os recursos permanecem para sempre indisponíveis.

Situação

Como já foi explicado nos capítulos anteriores, a principal missão de todo projeto é cumprir a Restrição Tríplice (tempo, custo e qualidade), e o que se espera quando se contrata um gerente de projetos é que ele faça isso acontecer. Entregar um projeto no prazo depende diretamente do escopo estabelecido e do custo disponível, mas não se trata apenas disso: existem pessoas capacitadas para fazer os projetos na quantidade e nos momentos necessários?

O primeiro sintoma é a dificuldade que o gerente de projetos tem para convocar uma reunião de *kickoff*. Não raro, os recursos técnicos não podem comparecer porque estão inteiramente envolvidos em outros projetos ou, ainda pior, estão envolvidos diretamente na operação. Qual a probabilidade de sucesso do projeto? Se os recursos estiverem alocados em múltiplos projetos e na operação o fracasso é iminente!

Muitas empresas não mantêm um controle de capacidade x demanda. Talvez porque desconhecem como fazer ou porque consideram que nunca terão demanda superior à capacidade. Por não fazerem esse controle, não sabem quando terão pessoas disponíveis para executar os projetos e muitas vezes assumem mais projetos do que são capazes de fazer.

Complicação

Se a empresa assumir mais projetos do que é capaz, provavelmente irá atrasá--los, entregar com baixa qualidade ou chicotear os recursos com infindas horas extras. Não existe mágica, existe apenas a tríplice restrição. Há quem opte por adicionar recursos por terceirização, mas o que é a terceirização senão a contratação de funcionários de outra empresa? Quem nos garante que eles serão melhores que os nossos? Além do mais, o recurso contratado externamente em cima da hora não tem contexto, não conhece o projeto nem o cliente e terá uma curva de aprendizado razoável.

Há que se pensar ainda que projetos feitos às pressas oneram a operação. Geralmente são entregues com escopo incompleto, com problemas encobertos e posteriormente causam custos maiores para manutenção. Muitas vezes chegam ao ponto de precisarem ser refeitos (Capítulo 11), o que é o cenário de maior prejuízo para a empresa, que já vendeu a operação a um custo fixo – e sabe-se que nenhum cliente irá pagar uma reengenharia completa no produto.

E tudo vira novamente um ciclo: falta de gestão de recursos gera projetos atrasados, para recuperar fazem-se horas extras, os projetos saem mal feitos, geram retrabalho, causam prejuízos financeiros não recuperáveis, caçam-se as bruxas, os recursos humanos ficam desmotivados, saem da empresa no meio dos projetos, levam consigo as lições aprendidas e a empresa segue aflita buscando recursos.

O que fazer para evitar que isso ocorra, considerando que os recursos sempre serão limitados em qualquer organização?

Para responder a essa pergunta, primeiro precisamos discutir estruturas organizacionais. Segundo o Guia PMBOK®, além das estruturas projetizada e funcional, existem três tipos de estruturas matriciais: forte, fraca e balanceada. Na forte, os recursos são alocados no projeto sob a coordenação do GP. Na fraca, os departamentos recebem "demandas" e alocam os recursos internamente; o GP não coordena suas ações diretamente. Na balanceada, acontece um pouco dos dois.

A principal vantagem da estrutura matricial é permitir que o GP arregimente recursos de vários departamentos e empresas parceiras. Já as principais desvantagens são duas: as prioridades dos departamentos de origem costumam sobrepor-se às do projeto e a visibilidade sobre a capacidade dos recursos fica reduzida, ou seja, o GP não enxerga as atividades da equipe fora do projeto.

Considerando que os recursos não sejam exclusivos, como acontece na maioria das empresas, e que a estrutura é matricial, analisemos: como definir claramente a prioridade dos projetos para toda a organização? Na verdade é muito simples: não há como definir níveis de prioridade que garantam o cumprimento de prazos para todos os projetos, por isso a recomendação é que os projetos principais sejam definidos (os "projetos *top*" ou "projetos de elite"). A esses será dada prioridade máxima por toda a empresa, de modo que as prioridades departamentais sejam sobrepujadas por eles sempre que necessário. Esse é o primeiro passo.

Gerenciar os recursos compartilhados é o segundo passo. É preciso que alguém ou alguma ferramenta registre a disponibilidade dos recursos ao longo do tempo – é o que o Guia PMBOK® chama de Calendário de Recursos. Com isso espera-se saber a totalidade dos recursos existentes, suas competências e quando poderão ser alocados em projetos. Para implementar isso, pode-se usar um simples histograma, como o exemplo a seguir. E com um bom conhecimento de Excel, é possível integrar o histograma aos *timesheets* (planilhas de registros de horas) e até aos cronogramas de projetos da empresa.

CAPACIDADE						
(Esforço disponível dos recursos)						
Função/Nome	JAN	FEV	MAR	ABR	MAI	JUN
Programadores	**320**	**480**	**480**	**320**	**480**	**480**
João da Silva	160	160	160	0	160	160
Pedro Pedroso	0	160	160	160	160	160
Carla Carolina	160	160	160	160	160	160
DEMANDA						
(Esforço demandado pelos projetos)						
Projeto	JAN	FEV	MAR	ABR	MAI	JUN
XPTO						
Programadores	0	200	200	200		
Analistas	-	-	-	-		
Testadores	-	-	-	-		
Integração iPhone	120	100	200	250		
Fractais	0	50	100	50		
QUADRO RESUMO						
(Análise capacidade x demanda)						
Função	JAN	FEV	MAR	ABR	MAI	JUN
Analistas	-	-	-	-	-	-
Programadores	-200	-130	20	180	-480	-480
Testadores	-	-	-	-	-	-

É preciso ainda que, ao lançar uma proposta no mercado, seja feita a pré-designação dos recursos, pré-agendando que "tipos" de recursos trabalharão em projetos futuros e em que períodos. Posteriormente, quando a fase do projeto exigir, será feita a designação, nomeando os recursos conforme a disponibilidade ou fazendo a contratação no mercado, o que algumas vezes demora bastante e nem sempre dá certo.

Para que isso tudo funcione, é preciso que haja um árbitro, o gerente de recursos, que irá identificar os recursos – e informar quando a empresa é capaz ou não de assumir novos projetos – e designá-los conforme a disponibilidade. Obviamente, esse gerente enfrentará fogo cruzado diariamente, mas ao menos haverá apenas uma pessoa responsável por responder pela disponibilidade de recursos de toda a organização, de forma rápida e prática. Num cenário com essa figura, o gerente de projetos simplesmente solicita recursos e cabe ao gerente de recursos encontrá-los, preferencialmente dentro de um prazo combinado, chamado de SLA (*Service Level Agreement*; em português, Acordo por Nível de Serviço) [32].

A grande dificuldade reside no cumprimento de prazos. As propostas e os projetos irão cumprir as datas que forneceram ao histograma? Há empresas que conseguem, mas a grande maioria não. O não cumprimento de prazos é um sintoma a ser analisado caso a caso, desde o processo de concorrência até a operação. Mas o fato é: se os prazos não forem cumpridos, o gerente de recursos precisará atualizar com muita frequência o histograma para não dar respostas erradas a todos.

Exemplo

Arlindo era gerente de uma consultoria de recursos humanos há alguns anos e era conhecido por resolver problemas. Ele coordenava uma grande equipe, com dezenas de pessoas, cada grupo numa especialidade diferente. Para realizar seus projetos, ele precisava alocar pessoas de todos os perfis, cada uma no seu momento do processo.

Para auxiliá-lo no trabalho, Arlindo definiu, dentre seus analistas, alguns coordenadores de projetos. Eles deveriam seguir o ciclo completo de planejamento, monitoramento e controle, até a finalização do projeto.

Acontece que muitos de seus recursos eram juniores, estavam começando na carreira e, por isso, não eram especialistas no que faziam. Cometiam erros graves repetidamente e causavam atrasos e consequentes prejuízos aos projetos. Não se sabe até hoje se Arlindo realmente entendia o que estava fazendo, mas ele era bastante dedicado e tentava orientar seu time como podia.

Como os projetos atrasavam muito, Arlindo, já sem paciência, resolveu que não controlaria mais a alocação da equipe. Seus coordenadores de projetos deveriam negociar entre eles, sem sua intervenção. Seus coordenadores eram muito leais (e também não tinham muita experiência) e assim o fizeram. Ocorre que, quando um projeto atrasava, os coordenadores brigavam entre si, instaurando a prática de justificar atrasos pelos atrasos dos outros.

Como se não bastasse, Arlindo perdeu a visão do todo. Já não sabia mais os projetos em andamento, seus marcos, prazos de conclusão ou seus *status*. Ele era chamado constantemente à diretoria para prestar contas e precisava sempre chamar suas equipes para reportar. Sem perceber, tornou-se um gerente que não sabia de nada – isso é o que chamo de "falta de gestão".

Capítulo 17
Desculpe, mas não tenho tempo para falar com você. Aliás, quem é você?

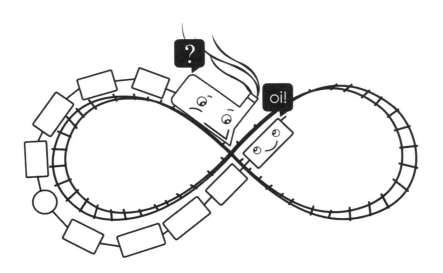

Aqui não temos processos, nem prioridades, mas faremos sempre o melhor!!

Situação

Nos jogos de RPG (*role-playing game*), como o próprio nome diz, cada jogador interpreta um personagem. É o equivalente nos videogames a possuir um "avatar", uma espécie de alter ego com o qual se vive uma segunda vida. Particularmente, gosto desses jogos, pois geralmente possuem desafios diversos, relacionados ao ganho de habilidades, recursos financeiros, viagens e principalmente às missões.

Cada missão possui um objetivo, mas para alcançá-lo é preciso seguir pistas, coletar itens, falar com pessoas e às vezes trabalhar em grupo. Algumas missões são mais difíceis que outras, e para cada grau de dificuldade existe uma recompensa proporcional.

Mas o que isso tem a ver com gestão de projetos? Muitas vezes fazemos "projetos baseados em missões", muito similares às do RPG, sem visibilidade de quanto tempo e recursos serão gastos, e, principalmente, sem ideia do que realmente precisa ser feito e de como fazê-lo.

Parece utopia falar de projetos dessa forma, mas, acredite, existem muitas empresas que sequer atualizam seus organogramas, que dirá preparar o terreno para um projeto de sucesso.

Nos jogos, o designer define o escopo da missão e um saldo sempre positivo – quero dizer que você sempre sai ganhando ao realizar uma missão, mas na gestão de projetos os prejuízos podem ser muito maiores que a receita.

Complicação

Já me peguei andando pelos corredores procurando pessoas e lhes perguntando como fazer as coisas, por falta de processos.

Também já submeti formulários à aprovação sem ter certeza de como preenchê-los, sem falar nas grosserias dos recursos técnicos que tive que aguentar por falta de informação.

Quando uma empresa não atualiza seu organograma, ela também não atualiza seus processos. E se não o faz, também não treinará adequadamente seus gerentes de projetos. Embora um simples processo de "integração na função" seguido de um período de *shadowing* (período em que um funcionário acompanha o dia a dia de outro para aprender seu ofício) possa resolver o problema, muitas empresas não o fazem e jogam sobre o gerente de projetos a responsabilidade do sucesso.

Ora, um gerente de projetos que não conhece os processos, as ferramentas e nem as pessoas não tem como triunfar. Mesmo o super-homem tem o seu ponto fraco, que é a kriptonita.

As pessoas em qualquer organização estão sempre atarefadas e não têm disponibilidade para prestar instruções adequadas. Cabe à empresa o dever de instruir seus recursos antes de iniciarem o trabalho em vez de esperar que aprendam sozinhos.

"Projetos baseados em missões" levam a gerentes de projetos sem métricas, e sem métricas não há gestão alguma.

Como relatar o *status* de um projeto sem a visão do todo, sem saber quanto tempo as coisas vão levar e quem é responsável por cada atividade?

Como instruir adequadamente um gerente de projetos?

Se você contratou uma pessoa para uma posição de gestão, cabe a você a responsabilidade de instruí-la. Para realizar uma instrução adequada deve-se construir um processo de integração.

Na integração, a empresa é apresentada ao novo funcionário. Ele deverá sair desse processo conhecendo o que é a empresa, por que ela existe, quem são seus líderes, quais as responsabilidades de cada um e que procedimentos deverá seguir para fazer seu trabalho. É o mínimo do mínimo!

Idealmente, e algumas empresas adotam a prática, deve-se permitir que o recurso participe de um projeto-teste ou que siga (*shadowing*) um gerente de projetos mais antigo. Não é questão de competência técnica ou de gestão, é questão de ambientação.

Após a ambientação, é importante seguir o processo de iniciação do projeto apresentando o Termo de Abertura, mostrando os objetivos do projeto, seus recursos e as restrições de tempo e custo. Idealmente, deve-se mostrar também que procedimentos técnicos serão necessários e, se possível, alocar um líder técnico e um *coach*.

É fundamental que todas as pessoas da empresa saibam que aquele projeto existe, que ele tenha um número identificador, que se saiba quem é o gerente de projetos e que esteja clara qual a sua prioridade. Essa é sua certidão de nascimento.

Apenas após toda a ambientação, treinamento e *empowerment* do gerente de projetos pode-se cobrar que ele dê resultados.

Já me aconteceu de receber um projeto na tarde do dia 24 de dezembro, com entrega para o dia 5 de janeiro, e era a minha primeira semana de trabalho na empresa! Teria sido um fracasso completo se não houvesse um líder técnico muito comprometido e capaz me apoiando e informando, até o limite de seu conhecimento, indicando quem procurar e como conseguir as coisas. Mas também já trabalhei em empresas que me puseram na mesma situação sem um líder técnico e o "aprendizado" foi bastante desagradável.

Como descobrir quem são as partes interessadas, ponto mais importante do projeto, sem o mínimo de conhecimento, sem organogramas, sem descrições de cargos e responsabilidades? E se os recursos forem compartilhados entre vários projetos e não tiverem condição de se comprometer com o projeto? Eles irão se eximir da responsabilidade, deixando o gerente de projetos sozinho. Essa é a tendência defensiva do ser humano [9].

Exemplo

Nunca vou me esquecer do dia em que conheci um senhor nipo-americano que me falou essa frase. Estava liderando meu primeiro projeto de grande porte em uma multinacional e, embora houvesse sido treinado num processo de integração, não sabia exatamente quem eram os responsáveis por cada área técnica.

Precisava colocar um novo servidor no ar e saí perguntando aos contatos que tinha quem era o responsável e qual era o processo para solicitar.

Como é de praxe, ninguém sabia (ou queria) responder nenhuma das perguntas e segui ligando para uma pessoa após a outra, explicando o projeto, a situação e minha requisição.

Lá pela décima pessoa, cansei, não me apresentei e nem expliquei o projeto, apenas perguntei se poderia me ajudar a pôr o servidor no ar. A resposta foi o título desse capítulo: desculpe, não tenho tempo para falar com você. Aliás, quem é você? Por que está me perguntando sobre isso? Quem é seu gerente?

Lembro que "congelei" naquele momento. Estava fazendo alguma coisa muito errada para que ele perguntasse quem era meu gerente? Então expliquei que eu era o líder do projeto, que era novo na empresa e que precisava entender o procedimento de solicitação.

Ele se acalmou e, por fim, me ajudou. Mas a relação nunca veio a ser amigável.

Capítulo 18
Isso já foi tentado aqui...

Lá vem mais um cara falar de gestão de projetos... isso não funciona no "mundo real"!

Situação

Essa é uma das frases que mais ouvi ao longo da minha carreira: "isso já foi tentado aqui, não dá certo!". As empresas são organismos complexos e principalmente políticos. Existem, no entanto, diversos motivos que levam algo a não dar certo, que podem não estar mais presentes agora.

É como a velha história dos macacos: diz-se que um grupo de macacos participou de um experimento. Um cacho de bananas foi colocado no alto da jaula e sempre que algum macaco tentasse pegá-lo todos recebiam um jato de água [30]. Os três primeiros tentaram, um por vez, pegar o cacho. No quarto macaco, antes que ele tentasse, todos o surraram. Diz-se ainda que paulatinamente os macacos foram trocados daquela jaula, para ver se a "cultura" permaneceria. A surpresa foi que os novos que entraram foram coibidos pelos demais e passaram a coibir também os que entraram em seguida, sem sequer saber o motivo. Nunca mais se tentou pegar bananas ali.

Complicação

O complicado é quando as iniciativas começam a ser coibidas sem que haja um motivo real. É como o medo, segundo O'Connor [20]: existe o medo real e o imaginário. O real tem a ver com situações de perigo, que realmente nos colocam em risco – esse medo é protetor. Já o imaginário é o medo que inventamos, pensando que algo poderá acontecer, ainda que não haja indícios reais. É o que ocorre quando há demissões em massa – todos os demais ficam pensando quem será o próximo. Faz, por acaso, alguma diferença perder noites de sono pensando se será você? Muda de alguma forma o resultado? Não.

Projetos são, por definição, inovadores. Sempre irão mexer com a cultura da empresa, sempre trarão exceções e situações novas, não contempladas nos processos ou na cultura. Se os gerentes de projetos forem proibidos de inovar, como farão os projetos acontecerem? Será impossível.

A resistência das pessoas às mudanças é algo normal. Isso acontece com todos os elementos da natureza, que buscam homeostase, equilíbrio, *status quo*.

As mudanças sempre causam algum tipo de perda, ainda que seja apenas de crenças ou hábitos. Por isso, as pessoas sempre irão resistir a elas, sem sequer avaliá-las, por aversão, por medo. Lidar com o medo é algo complicado, e não é o Guia PMBOK® que irá nos ajudar nessa questão.

Como reduzir a resistência a novas ideias?

O Guia PMBOK® nos auxilia a identificarmos as partes interessadas do projeto, analisarmos seu grau de envolvimento e montarmos estratégias para mudar suas posições, garantindo seu envolvimento, sempre que necessário.

Para ter melhores resultados precisamos atacar o problema e descobrir as causas da resistência. O que ocorreu no passado? O que foi tentado e como? Qual era o cenário político-econômico do momento? Quem eram as partes interessadas?

No aspecto político, há que se avaliar a forma de governo da empresa: é baseada na meritocracia, em que os méritos são dados a quem fez o trabalho? Ou é um governo autocrático, em que os elevados são os amigos do rei?

Conhecendo melhor o cenário é possível criar estratégias de gestão de expectativas mais efetivas. Que tragam algum "conforto" aos envolvidos e que gerem, de fato, a mudança.

Exemplo

Miguel atuava como gerente há tantos anos que vira vários diretores passarem pela empresa tentando fazer coisas novas e em seguida irem embora, sem resultados.

Nos primeiros cinco anos ele fora um entusiasta da área de projetos; ajudou a construir o primeiro PMO da empresa, capacitou sua equipe no Guia PMBOK®, escreveu muitos artigos e realizou vários projetos, às vezes a duras penas. Porém, sempre que conseguia implantar alguma coisa vinha uma nova gestão e derrubava tudo.

Miguel chegou a pensar que o problema estava nele – o que estaria fazendo de errado? Por que todas as iniciativas eram frustradas? Depois de muito pensar e repensar, percebeu que a estrutura de poder da sua empresa era autocrática e que era a vontade de seus líderes que prevaleceria sobre a lógica, sobre o lucro, sobre tudo. Colocou então na sua cabeça que o melhor era seguir o que lhe mandassem e deixou sua proatividade de lado, passando a desmotivar pessoas que, como ele, tentassem fazer coisas novas. Dizia que "várias estrelas" tinham passado pela empresa e nada havia mudado, por isso passou a desmotivar, sem perceber, os "proativos", dizendo o que já havia sido tentado sem sucesso.

Capítulo 19
Vamos fazer na Índia, que é mais barato

*Fornecedor bom mesmo é aquele que cobra barato.
Na Índia contrato 10 pessoas ao preço de uma.*

Situação

As ondas da administração não têm esse nome à toa. Elas se movem num vai e vem constante, levando e trazendo tendências. Um dia a moda é ter todos os recursos na própria empresa para garantir a "soberania"; no outro é mais vantajoso terceirizar os serviços com empresas especializadas. Nós, seres humanos, somos assim. Temos a tendência de seguir a manada, pois confiamos muito mais na maioria do que em nós mesmos.

O psicólogo Solomon Asch [2] realizou um experimento em que punha um grupo de pessoas na mesma sala para participar de um teste. O teste, conhecido como "Teste das Barras" apresentava três barras verticais em uma página, de diferentes tamanhos, correspondendo às letras A, B e C. De todos os participantes do grupo, apenas um era realmente cobaia; todos os demais eram atores orientados a escolher a resposta errada. Ao iniciar o teste, a cobaia estranhava as respostas erradas e, em seguida, respondia a opção correta. Porém, depois de algumas rodadas, a vontade de "pertencer ao grupo" era maior e ele passava a responder conforme os demais.

O resultado mostrou que mais de 70% das pessoas se deixava levar pela manada. É o que Asch chamou de pensamento de grupo. Talvez por esse mesmo motivo as ondas da administração sejam seguidas pela maioria das empresas, por entenderem que o que os demais estão fazendo é "mais correto" que suas próprias estratégias.

A onda da terceirização não é diferente. Mas será que vale mesmo a pena terceirizar os serviços de seu negócio? A resposta é: depende.

Complicação

A complicação em terceirizar reside nos idealismos. É possível que outra empresa resolva realmente seus problemas? Existe realmente uma competência especial nessa empresa? O custo-benefício é realmente aceitável?

Já vi tantas empresas terceirizarem quanto "desterceirizarem". Se sua empresa terceirizar, por exemplo, toda operação de TI, que garantias você terá que essa empresa irá melhorar seus serviços? A simples definição de métricas de SLA não garante o resultado. As multas associadas ao não cumprimento do contrato no máximo irão lhe ressarcir parcialmente dos prejuízos que tiver. No pior dos casos, será necessário retirar o serviço desse fornecedor e passar para outro, recomeçando o processo e arcando com todos os custos da transferência.

Se o fornecedor escolhido não for "desenvolvido" e ambientado antes de começar os trabalhos, o resultado ficará bastante comprometido. E se a terceirização tiver impacto direto no negócio?

Existem ainda as empresas que terceirizam serviços de apoio, como RH e contabilidade. Se sua folha de pagamento atrasar qual será a multa para a empresa *versus* os impactos que sua empresa teve?

Como terceirizar com segurança?

Primeiro é preciso avaliar que partes serão terceirizadas – não é recomendável terceirizar o *core business*, ou seja, o cerne do negócio. Se a empresa fabrica mesas, não tem sentido terceirizar a fabricação. Se produz softwares, não tem sentido terceirizar a produção de softwares. Afinal, em ambos os casos trata-se do *core business*. Se você não é bom no que faz é melhor sair do mercado do que passar a responsabilidade do negócio para terceiros.

Segundo, é preciso selecionar fornecedores. Para isso, estabelecem-se critérios de avaliação. No exemplo, considerou-se uma escala de 0 a 10 para cada critério. O maior somatório total define a melhor opção de fornecedor.

Fornecedores	Prazo de entrega	Qualidade	Satisfação dos clientes	Capacidade financeira	Total
A	10	9	9	10	38
B	8	7	8	8	31
C	6	10	8	5	29

Existem muitos outros critérios possíveis, como qualificação técnica, capacidade de alocação de recursos, conhecimento do ambiente, parcerias anteriores, preço etc.

Em seguida vem o processo de desenvolvimento de fornecedores, pois, ainda que o fornecedor seja um prestador de serviços experiente, ele não conhece suas peculiaridades.

É preciso um processo gradual de conversão para que as coisas funcionem bem. Pode ser que leve meses, talvez anos. Trata-se da integração da cadeia produtiva, e isso funciona muito bem na indústria – mas funciona bem em projetos? Pode funcionar se as competências e o alinhamento forem combinados e desenvolvidos através de missões de complexidade crescente.

Apenas após o processo de desenvolvimento recomenda-se estabelecer um contrato de maior prazo, com SLAs definidos e monitorados periodicamente. Desse modo, reduzem-se as chances de problemas com terceirizações.

Exemplo

Certa vez participei de um projeto de consultoria de "Precificação de Catálogo de Serviços". Tratava-se de uma empresa de TI que prestava serviços a uma siderúrgica de grande porte.

Nesse projeto fizemos todo o levantamento dos serviços prestados, dos esforços empreendidos e das quantidades suportadas – nesse caso, computadores, sistemas, bancos de dados, redes etc. Foi preciso também definir as unidades para a linha de base – no caso de bancos de dados foram gigabytes, nas redes, a velocidade dos links, nos *desktops*, a quantidade de máquinas por perfil etc.

Após quase quatro meses de projeto, conseguimos chegar nos preços unitários dos serviços e descobrimos que, por ser uma empresa do mesmo grupo da siderúrgica, seu preço era inferior ao praticado no mercado, ainda que a seus gestores parecesse caro.

A empresa havia recebido uma diretiva global para terceirizar os serviços de TI, mas no Brasil acabou não fazendo a terceirização completa, pois realmente não era vantajoso. Terceirizaram apenas algumas partes dos serviços, comparando risco e preço.

Capítulo 20
Fala com o Fulano que ele tem as lições aprendidas

Oh mestre, protetor da sabedoria, compartilhe as lições aprendidas, pois não achei nada no repositório!

Situação

O maior ativo de processo que toda empresa possui são as lições aprendidas, mas, ainda assim, são raros os gerentes de projetos que compartilham seus erros e acertos com os demais.

Lições aprendidas são relatos de experiências bem ou malsucedidas em projetos. Elas devem ser simples, úteis, oportunas e genéricas, para que sejam reutilizáveis. Pode ser uma apresentação, um arquivo de texto ou qualquer outro formato, desde que seja de fácil acesso.

Uma empresa sem um repositório de lições aprendidas não compartilha as experiências adquiridas através de seus sucessos e fracassos. É como se fosse uma criança, uma página em branco, que não sabe que não pode meter o dedo na tomada e toma choques elétricos a cada projeto. Vale mesmo a pena esconder a poeira debaixo do tapete?

Complicação

Ocorre que muitas organizações e gerentes de projetos temem compartilhar suas lições aprendidas. Ora, quem nunca errou não tem experiências, o processo de aprendizagem é naturalmente repleto de erros. Não deveria haver o que temer, mas, infelizmente, por questões políticas, a decisão acaba sendo a de não compartilhar essas informações.

Outra dificuldade é o estabelecimento de uma estrutura que permita esse compartilhamento. Se não houver um repositório específico, onde colocar as lições aprendidas? A maioria permanece nas pastas dos projetos, protegidas e acessíveis apenas àqueles que participaram. Ora, para que compartilhar as lições aprendidas com quem participou do projeto? Não tem utilidade alguma. Isso impede o aprendizado da organização e favorece a recorrência de erros repetidos.

Nem sempre quem é punido é de fato culpado; as lições aprendidas são ativos institucionais e devem ser divulgadas, discutidas e tratadas. É imprescindível um ciclo de melhoria contínua nos processos da empresa a partir dos erros que aconteceram nos projetos. Demitir um, dois ou três gerentes de projetos não irá resolver. Já vi casos em que sete foram demitidos e nada mudou, até que a instituição tomou uma ação coordenada para mudar o cenário.

Como compartilhar lições aprendidas?

A melhor forma que encontrei de compartilhar lições aprendidas foi através de guias. Para cada tipo de projeto que a organização costuma executar, estabelecer um documento com a EAP (Estrutura Analítica do Projeto), cronograma--marco, orientações para gestão e riscos ocorridos no passado. Mas também é possível, de forma mais simplificada, agrupar os documentos de lições aprendidas em pastas por tipo de projeto, garantindo assim que um gerente de projetos que for iniciar pela primeira vez um projeto daquela categoria tenha acesso às informações mais críticas.

Imagine uma empresa de eventos contratando sempre novos gerentes de projetos e pedindo que executem pela primeira vez eventos de grande porte sem que tivessem conhecimento prévio dos riscos. Os erros e prejuízos são iminentes!

Cabe ao PMO organizar esses documentos. Se não houver PMO, os gerentes de projetos se reúnem e estabelecem a base de conhecimento.

Exemplo

Certa vez, Mário gerenciou um projeto que fracassou. Tratava-se de um projeto muito simples, de *desktop refresh* (atualização de *desktops*). Tinha tudo para dar certo, bastava gravar um arquivo instalador num pen-drive e executá-lo em trinta máquinas durante um fim de semana. O custo do projeto era irrisório, parecia mais um serviço corriqueiro.

Ocorreu que, na hora de gravar o arquivo, Mário descobriu que não cabia nos pen-drives disponíveis. Ao tentar comprar novos, descobriu que o custo era alto demais e o tempo de entrega era de trinta dias. Ele encontrou uma solução alternativa, que foi gravar parte do arquivo em pen-drive e baixar o resto pela internet. Parecia tudo resolvido, mas, quando o técnico foi a campo, descobriu que a internet do cliente era lenta demais.

Mário o orientou a fazer três máquinas por vez para minimizar o risco e ficou aguardando sua ligação durante o fim de semana. O técnico, ao perceber que não finalizaria as máquinas em tempo, disparou o *download* em todas simultaneamente. O resultado dá para prever: o cliente ficou três dias sem trabalhar.

Ao preparar um documento de lições aprendidas, Mário descobriu que os mesmos problemas já haviam ocorrido por várias vezes na empresa e que todos sabiam daquele problema, menos ele. E, finalmente, ao apresentar seu relatório de lições aprendidas, foi demitido, a pedido do cliente, como forma de compensação. Quem foi o verdadeiro culpado da história?

Capítulo 21
Vamos assumir o prejuízo e entregar o projeto!

Não importa se o cliente mudou o projeto inteiro, eu é que não vou mudar meus custos!

Situação

Quantas vezes você já ouviu essa frase? Eu ouvi muitas. É muito bonito ver um gerente de projetos comprometido com a entrega do projeto, isso é o que se espera desse profissional. A grande questão deste capítulo é avaliar as empresas que, no melhor intuito de entregar os projetos que foram vendidos e honrar seus compromissos, optam por assumir prejuízos e entregar os projetos. Muitos desses projetos nunca são entregues a contento e clientes são perdidos, além dos prejuízos acumulados, do tempo e do esforço empreendidos.

Existem muitos motivos que levam um projeto ao fracasso, e a grande motivação desse livro é estudá-los. Prejuízos, atrasos, falta de qualidade, horas extras, todas essas causas remetem a projetos falidos.

Ocorre que essas organizações, ao empreenderem esforços em projetos falidos, deixam de direcionar sua força de trabalho para projetos lucrativos. Além do mais, um projeto que começa mal tende a se tornar um produto problemático. Todos os caminhos levam ao fracasso, e os prejuízos não cessarão na entrega do projeto.

Complicação

Já vi casos de empresas que optam por não assumirem novos projetos até resolverem os problemas nos atuais. Embora pareça uma decisão acertada no momento de crise, impacta no faturamento futuro. Na maior parte desses casos a empresa reduz os esforços de vendas, seja por "estratégia", seja porque simplesmente perdeu sua capacidade de entrega. É um declive de faturamento que no médio prazo irá impactar a saúde da empresa.

Além disso, pense comigo: se não tiverem novos projetos entrando, os recursos humanos alocados irão para onde ao final dos projetos atuais? E os vendedores, impossibilitados de vender, farão o quê enquanto aguardam o desfecho final?

Como evitar tantos prejuízos?

Os problemas em projetos são sempre os mesmos, a questão é descobrir O QUE está ocorrendo e POR QUÊ. Para toda decisão existe uma lógica, geralmente circunstancial, que a embasou. A empresa precisa tratar esses problemas de forma institucional, em vez de procurar culpados ou de cessar os esforços de vendas.

Cabe aqui a implantação de um PMO ou de uma área de qualidade que monitore o andamento de todos os projetos, dando ritmo e método, apoio e ferramentas para os gerentes de projetos acertarem ao máximo da primeira vez. E, principalmente, se errarem, que se descubra o porquê e se façam mudanças nos processos da empresa (ativos de processo) ou na sua forma de pensar (fatores ambientais).

Um exemplo bem simples de monitoramento institucional é reunir os gestores trimestralmente para avaliar as não conformidades e os problemas em projetos. Para isso, é preciso que haja um ambiente com liberdade para explicitar os problemas, livre das políticas sociais, de preconceitos e punições.

O gerente de projetos erra por imperícia, imprudência ou negligência. Na imperícia, deve-se identificar os *gaps* de competências e instruí-lo, através de *coaching* ou treinamentos; na imprudência, cabe avaliar tanto a atitude do gerente de projetos quanto a atitude institucional, observando sua percepção de riscos e o apoio que dá ao GP; na negligência, se existir um PMO, espera-se que ele avalie periodicamente o projeto e oriente o gerente de projetos – mas se houve negligência e ela foi reportada pelo PMO e ninguém fez nada, é provável que todo o sistema da qualidade esteja corrompido. Se não há PMO e sua empresa tem problemas em projetos, talvez seja hora de implementá-lo. Mas se ficar provado que o gerente de projetos simplesmente "esqueceu" de observar alguma coisa importante, vale a pena permitir que ele procure um novo local de trabalho no mercado.

A tratativa institucional é a única solução para resolver problemas assim. Geralmente se perceberá que existem vários processos que, em conjunto, causaram o fracasso. Desde a orçamentação até as aquisições, passando pelas contratações, reuniões convocadas que ninguém foi, pelos riscos que a gerência não deu orçamento para tratar, enfim, pelas decisões erradas que ocorreram em conjunto. A "caça às bruxas" não irá resolver a cultura da empresa; somente uma ação contínua, institucionalizada e compromissada entre todas as partes interessadas.

Considerações finais

O objetivo deste livro foi compartilhar sucessos e fracassos que acumulei, como dito na apresentação, na minha própria experiência e também nas aulas e consultorias que ministrei. Espero sinceramente ter ajudado a evitar que ocorram com você.

Desejo muito sucesso a todos os gerentes de projetos, novos e experientes, e os admiro, ainda que não os conheça, pela coragem de assumir uma função tão arriscada, que é responder por objetivos de uma ou mais empresas envolvendo o trabalho de outras pessoas. É uma grande responsabilidade e merece todo reconhecimento.

Bibliografia

1. ALMEIDA, Norberto. **Gerenciamento de Portfólio**. Rio de Janeiro: Brasport. 2011.

2. ASCH, Solomon E. Effects of group pressure upon the modification and distortion of judgment. *In*: GUETZKOW, H. (ed.) **Groups, leadership and men**. Pittsburgh: Carnegie Press, 1951.

3. BARBOSA, Sandro; CAVALCANTI, Rodrigo. **Modelo para Categorização de Projetos**. Fortaleza: Departamento de Engenharia de Teleinformática, Universidade Federal do Ceará. Disponível em: <http://www.infobrasil.inf.br/userfiles/14-S1-1-97183-Modelo%20para%20Categoriza%C3%A7%C3%A3o.pdf> Acesso em: 02 fev. 2014.

4. CIALDINI, Robert B. **As armas da persuasão**. Rio de Janeiro: Sextante, 2012.

5. COHN, Mike. **Agile estimating and planning**. Englewood Cliffs: Prentice Hall, 2005.

6. CROSBY, Philip. **Quality is Free**: The Art of Making Quality Certain. New York: McGraw-Hill, 1979.

7. DEMING, Edward W. **Out of the crisis.** Cambridge: MIT-CAES, 1982.

8. DEROSE, Luís. **Quando é preciso ser forte**. Rio de Janeiro: Nobel, 2007.

9. FREUD, Sigmund. **Obras psicológicas completas de Sigmund Freud**. Rio de Janeiro: Imago, 1969.

10. IMAI, Massaki. **A estratégia para o sucesso competitivo**. 5. ed. São Paulo: IMAM, 1994.

11. ISHIKAWA, Kaoru. **What is total quality control? The Japanese Way**. Englewood Cliffs: Prentice Hall, 1985.

12. JUNG, Carl G. **Os arquétipos e o inconsciente coletivo**. Rio de Janeiro: Vozes, 2000.

13. JURAN, Joseph. **A renaissance in Quality**. Boston: Harvard Business Review, 1993.

14. LEVINE, Stuart. **Vá direto ao assunto**. Rio de Janeiro: Sextante, 2012.

15. LOPES, Luiz; VASCONCELLOS, Marco. **Manual de Macroeconomia**: básico e intermediário. 3. ed. São Paulo: Atlas, 2008.

16. MADRUGA, Roberto. **Guia de Implementação de CRM e MKT de Relacionamento**. São Paulo: Atlas, 2004.

17. MAXWELL, Katina. **Applied Statistics for Software Managers**. EUA: Software Quality Institute Series, 2002.

18. MINTO, Barbara. **O Princípio da Pirâmide**. São Paulo: Makron Books, 1992.

19. MULCAHY, Rita. **Preparatório para o Exame de PMP**. 7. ed. EUA: RMC Publications Inc., 2011.

20. O'CONNOR, Joseph. **Liberte-se dos Medos**: superando a ansiedade e vivendo sem preocupações. Rio de Janeiro: Qualitymark, 2008.

21. PARKINSON, Cyril N. **Parkinson's Law**: the pursuit of progress. London: John Murray, 1958.

22. PROJECT MANAGEMENT INSTITUTE. **Practice Standard for Work Breakdown Structures**. 2. ed. Newtown Square: PMI, 2006.

23. PROJECT MANAGEMENT INSTITUTE. **Um guia do conhecimento em gerenciamento de projetos**: guia PMBOK. 5. ed. Newtown Square: PMI, 2013.

24. RODRIGUES, Eli. **Como fazer um Plano de Ação**. Disponível em: <http://www.elirodrigues.com/2013/06/03/como-fazer-um-plano-de-acao>. Acesso em: 02 fev. 2014.

25. RODRIGUES, Eli. **Como gerenciar um projeto**: case Rock in Sumaré. Disponível em: <http://www.elirodrigues.com/2013/09/30/como-gerenciar-um--projeto-case-rock-in-sumare>. Acesso em: 02 fev. 2014.

26. RODRIGUES, Eli. **Projeto atrasado, replanejado ou eterno?** Disponível em: <http://www.elirodrigues.com/2011/02/28/projetoeterno/>. Acesso em: 02 fev. 2014.

27. RODRIGUES, Eli. **Ciclo Vicioso na Gestão de Serviços**. Disponível em: <http://www.elirodrigues.com/2010/09/08/fabrica-de-software-ciclo-vicioso-na-gestao-de-servicos>. Acesso em: 02 fev. 2014.

28. RODRIGUES, Eli. **Por que "Santo de casa não faz milagre"**. Disponível em: <http://www.elirodrigues.com/2013/10/14/porque-santo-de-casa-nao--faz-milagre/>. Acesso em: 02 fev 2014.

29. SHINGO, S. **O sistema Toyota de Produção do ponto de vista da engenharia de produção**. Porto Alegre: Bookman, 1996.

30. STEPHENSON, G. R. Cultural acquisition of a specific learned response among rhesus monkeys. *In*: STAREK, D.; SCHNEIDER, R.; KUHN, H. J. (eds.) **Progress in Primatology**. Stuttgart: Fischer, 1967, p. 279-288.

31. THORNDIKE, Edward. A constant error in psychological ratings. **Journal of Applied Psychology**, 4, 25-29, 1920.

32. VAN BON, Jan. **ITIL:** Guia de Referência. Rio de Janeiro: Campus, 2011.

33. VARGAS, Ricardo. **Análise de Valor Agregado em Projetos:** revolucionando o gerenciamento de custos e prazos. 5. ed. Rio de Janeiro: Brasport, 2011.

34. WOOD JR., Tomaz; URDAN, Flávio Torres. Gerenciamento da qualidade total: uma revisão crítica. **Revista de Administração de Empresas**, São Paulo, v. 34, n. 6, nov./dez. 1994.

Anexo I
Workshop comportamental: o *workshop* de erros em projetos

O grande motivador para a produção deste livro foi a criação do **Workshop de Erros em Projetos**. Trata-se de um *workshop* comportamental, com foco em atitudes, criado para auxiliar trabalhos de consultoria organizacional.

Seu principal objetivo é permitir que a empresa se autoavalie através de frases, observando com que "frases" se identifica mais e elegendo, através de votação, quais são os problemas prioritários.

Para realizá-lo, utilizam-se **cartões** que contêm: uma área (Equipe, Líder ou Organização), complexidades (que dão a ideia de quanto tempo será necessário para discutir o assunto) e a prioridade, que deve ser preenchida pelos participantes.

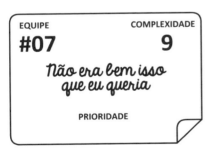 

O tempo do *workshop* não deverá ser suficiente para tratar todos os cartões, provocando assim a priorização de temas.

Tendo sido priorizados os temas, o facilitador deve iniciar o diagnóstico, perguntando sobre os problemas que levaram os participantes a selecionarem aquele cartão. Em seguida, fará uma apresentação da problemática, baseando-se na metodologia de Bárbara Minto [18], que é composta por: situação, complicação, pergunta e resposta. Na última etapa de cada cartão, deve-se fazer a conexão do tema com o problema da empresa e estabelecer um plano de ação.

A cada cartão trabalhado, deve-se revisar o tempo disponível, montando um gráfico de acompanhamento (que pode ser um *Burndown Chart*), mostrando claramente ao grupo que o tempo deve ser administrado por eles e deve lhes ser dada a permissão para mudar as prioridades.

Não é preciso nenhum material especial, apenas os cartões, um *flipchart* e um consultor de gestão de projetos com experiência prática para orientar a empresa.

O resultado é um misto de consultoria, treinamento e *workshop* que permitirá à empresa reavaliar seus conceitos, processos e, principalmente, suas atitudes. Experimente!

Anexo II
Fórmulas do valor agregado

Abrev.	Descrição	Explicações
VP	Valor Planejado	Quanto (custo) está planejado para ser realizado até o período.
VA	Valor Agregado	Quanto foi efetivamente realizado, usando o custo planejado.
CR	Custo Real	Quanto foi realizado x custo real.
ONT	Orçamento No Término	Orçamento total do projeto (planejado).
ENT	Estimativa No Término (a) CR + EPT ou (b) ONT / IDC	A partir dos dados reais, estima quanto o projeto vai custar no final.
EPT	Estimativa Para Terminar ENT – CR	Quanto ($) falta para terminar o projeto.
VNT	Variação No Término ONT – ENT	Diferença prevista entre o orçamento e o custo total projetado (para o final do projeto).
VC	Variação de Custo VA – CR	Quanto o custo variou, a partir de quanto foi agregado – o custo real.
VCR	Variação do Cronograma VA – VP	Variação entre o Valor Agregado e o Planejado. Mostra se agregou mais ou menos do que estava planejado.
IDC	Índice de Desempenho de Custo VA / CR	Mostra a qual taxa financeira o valor está sendo agregado. Se maior que 1, então o projeto está gastando menos para agregar. Se menor que 1, o projeto está gastando mais para agregar.
IDP	Índice de Desempenho de Prazo VA / VP	Mostra a que velocidade o projeto está agregando valor, comparando o Valor Agregado (VA) ao Planejado (VP). Se maior que 1, o projeto está progredindo mais rápido que o planejado. Se abaixo de 1, está mais lento.
IDPT	Índice de Desempenho para Término (ONT – VA) / (ONT – CR)	Taxa que deve ser mantida para realizar o trabalho conforme foi orçado.

Acompanhe a BRASPORT nas redes sociais e receba regularmente informações sobre atualizações, promoções e lançamentos.

 @BRASPORT

 /brasporteditora

 /editorabrasport

 editorabrasport.blogspot.com

 /editorabrasport

Sua sugestão será bem-vinda!

Envie mensagem para marketing@brasport.com.br

informando se deseja receber nossas newsletters através do seu email.

Impresso na Rotaplan Gráfica e Editora LTDA
www.rotaplangrafica.com.br
Tel.: 21-2201-1444